Knaur.

W0192890

»I wanted to go out and change the world,
but I couldn't find a babysitter.«
Emma Goldman

Knaur.

Nina Puri: freie Texterin/Kreativdirektorin und Mutter zweier Kinder, Mitglied im Art Directors Club Deutschland, zahlreiche Auszeichnungen, u.a.: *ADC Deutschland, Lions Cannes, London International Advertising Award.*
Susanne Kaloff: freie Autorin und Mutter eines Kindes, Publikationen in zahlreichen Zeitschriften, u.a.: *Welt am Sonntag, Woman, Stern, Maxi, Myself.*

Nina Puri – Susanne Kaloff

Elternkrankheiten

Der große Ratgeber

Geschickt vorbeugen • Messerscharf erkennen
Erfolglos behandeln

Knaur Taschenbuch Verlag

Besuchen Sie uns im Internet:
www.elternkrankheiten.de
www.knaur.de

Originalausgabe November 2007
Copyright © 2007 by Knaur Taschenbuch.
Ein Unternehmen der Droemerschen Verlagsanstalt
Th. Knaur Nachf. GmbH & Co. KG, München
Alle Rechte vorbehalten. Das Werk darf – auch teilweise – nur mit
Genehmigung des Verlags wiedergegeben werden.
Illustrationen: Dominik Monheim
Fotos: Reinhard Hunger (weitere Fotos s. Bildnachweis S. 205)
Grafik: Achim Norweg
Redaktion: Regine Weisbrod
Bildredaktion: Sylvie Busche (Ltg.), Tanja Lex, Markus Röleke
Umschlaggestaltung: ZERO Werbeagentur, München
Umschlagabbildung: Getty Images/Taxi/Karen Moskowitz
Layout und Herstellung: Sibylle Dietzel
Satz: Adobe InDesign im Verlag
Druck und Bindung: Offizin Andersen Nexö, Leipzig
Printed in Germany
ISBN 978-3-426-78033-6

2 4 5 3

Für unsere Kinder Bruno, Mika und Carl,
ohne deren gelegentliche Abwesenheit dieses Werk
niemals hätte entstehen können.

INHALT

Liebe Leserin, lieber Leser,

glückliche, gesunde Eltern, die keinen Ärger machen, das wollen wir alle sein. Und dennoch leiden immer mehr Eltern an Verhaltensauffälligkeiten und psychischen wie physischen Störungen.

Natürlich handelt es sich bei vielen Auffälligkeiten um Entwicklungsphasen im Leben der Eltern, die sich bis zum Auszug der Kinder ausgewachsen haben.

Dennoch machen sich viele Eltern Sorgen und sind unsicher: Bin ich normal? Ist es gefährlich? Wird es für immer bleiben? Und auch mitleidende Bekannte fragen sich: Müssen wir uns neue Freunde suchen?

Deshalb beglückwünschen wir Sie zum Erwerb dieses Ratgebers. Er wird Ihnen gute Dienste leisten und ein Freund in schweren Stunden sein.

Das ABC der häufigsten Elternkrankheiten wird hier in einfachen und leicht verständlichen Begriffen dargelegt, so dass Sie Krankheitssymptome erkennen und deuten können und Anhaltspunkte erhalten, in welchen Fällen Sie sich an den Arzt und in welchen einfach an den Alkohol wenden sollten.

Ihre

Nina Puri

Susanne Kaloff

1. Täglich zu erneuernde To-do-Listen
2. Kinderarzttermine
3. Klopapier auffüllen
4. Faschingskostüm nähen
5. Geschenke für Oma, die Freunde der Kinder, Betreuerinnen besorgen
6. Zu klein gewordene Kleider ausmisten
7. Fahrradreifen flicken
8. Motten ausrotten
9. Boden wischen
10. Martinslaterne basteln
11. Weihnachts-, Oster-, Geburtstagsschmuck organisieren
12. Biologisch unbedenkliche Nahrungsmittel beschaffen
13. Hefezopf backen
14. H&M-Kinderabteilung besuchen
15. Ausflug organisieren
16. Vergammelte Schulbrote aus dem Ranzen kratzen
17. Sand-rostige-Münzen-Radiergummifitzel-Kaugummibatzen aus Hosentaschen pulen
18. Sand-rostige-Münzen-Radiergummifitzel-Kaugummibatzen aus Waschmaschinentürdichtung pulen
19. Sand-rostige-Münzen-Radiergummifitzel-Kaugummibatzen aus dem Wäschetrockner pulen
20. Sand-rostige-Münzen-Radiergummifitzel-Kaugummibatzen aus Kinderohren pulen
21. Fingernägel schneiden
22. »Conni lernt Reiten« kaufen
23. Batterien für Kindertaschenlampe kaufen
24. Ausflugsgeld mitgeben
25. Elternzettel unterschreiben
26. Freiwillig Kuchen fürs Sommerfest backen
27. Mathearbeit unterschreiben
28. Kita/Schule/Gymnasium aussuchen
29. Vokabeln abfragen
30. Wundsalbe kaufen
31. Schokoladen-Shampoo-Wassergemisch aus Kinderzimmerteppich entfernen
32. »Jedes Kind kann schlafen lernen« kaufen
33. Ersatzräder für Buggy bestellen
34. Kinder in Badewanne

Haare schneiden (Gummibärchen bereitstellen!!!)
35. Schwiegermutter anrufen
36. Läusekontrolle
37. Hundekacke vom Fußballschuh kratzen
38. Sich wie eine schlechte Mutter fühlen
39. Zahnfee klarmachen
40. Kita-Zuschuss beantragen!
41. Geburtstagseinladung basteln
42. Turnbeutel, Schwimmbeutel, Brotbeutel mitgeben!
43. Turnbeutel, Schwimmbeutel, Brotbeutel suchen!
44. Turnbeutel, Schwimmbeutel, Brotbeutel ersetzen!
45. Schnuller besorgen (Megapack!)
46. Schnullerfee klarmachen!

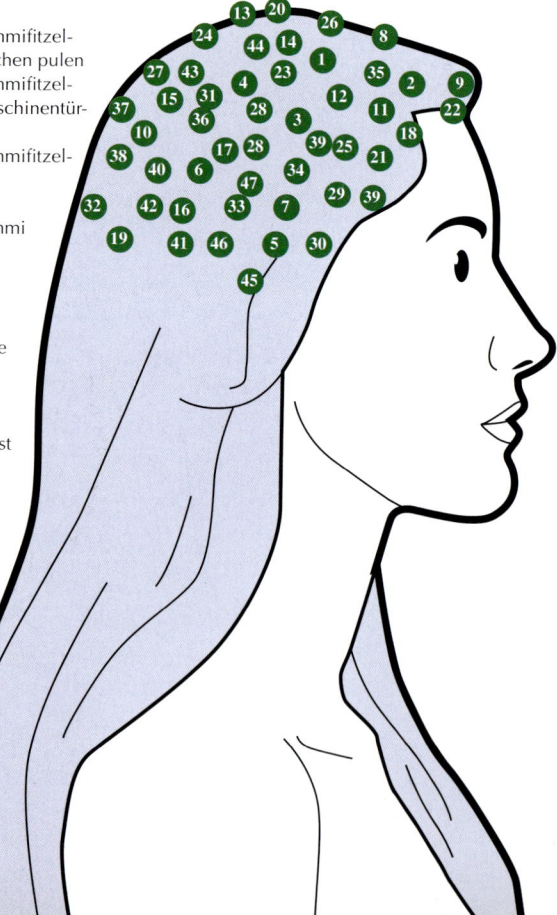

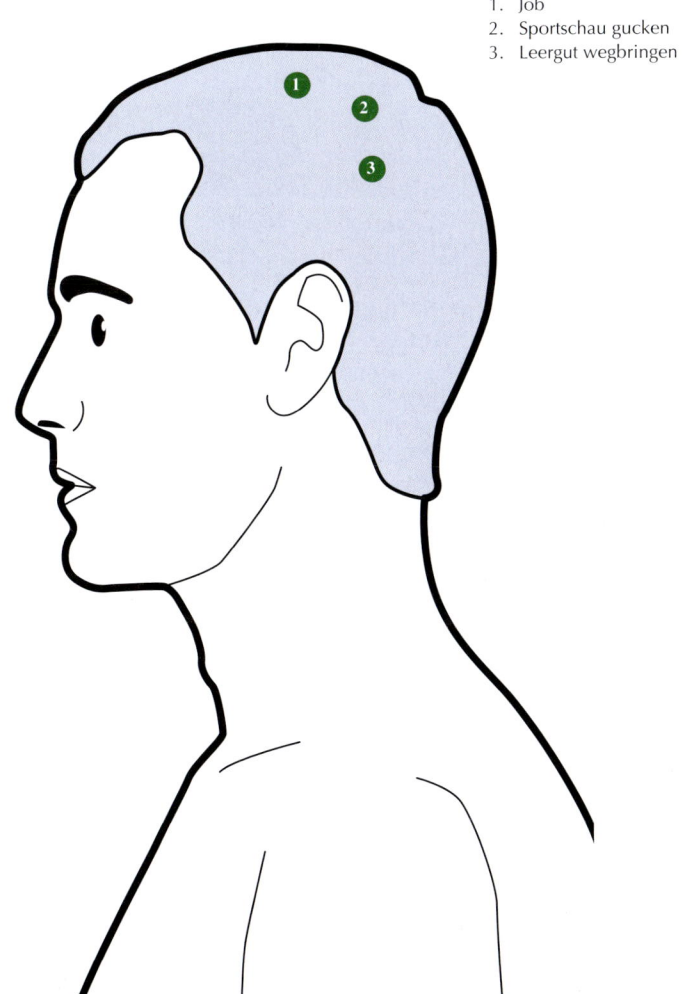

1. Job
2. Sportschau gucken
3. Leergut wegbringen

Kein Säugetier muss so viele widernatürliche Verrenkungen ausführen wie das menschliche Elternteil.

1. Elterlicher Bewegungsapparat beim Aufheben der Bauklötzchen 2. Elterlicher Bewegungsapparat beim Schnullersuchen unter dem Sofa 3. Elterlicher Bewegungsapparat beim Gutenachtlied im Babybettchen eingezwängt 4. Elterlicher Bewegungsapparat beim Pferdchen-Spielen 5. Elterlicher Bewegungsapparat beim Schlangespielen 6. Elterlicher Bewegungsapparat auf der Rutsche

im Spaßbad 7. Elterlicher Bewegungsapparat beim Verstecken der Keksdose
8. Elterlicher Bewegungsapparat beim Aufstemmen der U-Bahn-Tür 9. Elter-
licher Bewegungsapparat beim Mutter-Kind-Turnen

Das menschliche Nervensystem ist ursprünglich der komplexeste Organismus der Natur. Es reagiert hochsensibel auf feinste Reize, verarbeitet in Nanosekunden Sinneseindrücke und leitet diese als elektromagnetische Impulse weiter. Dennoch lässt es sich durch beständiges

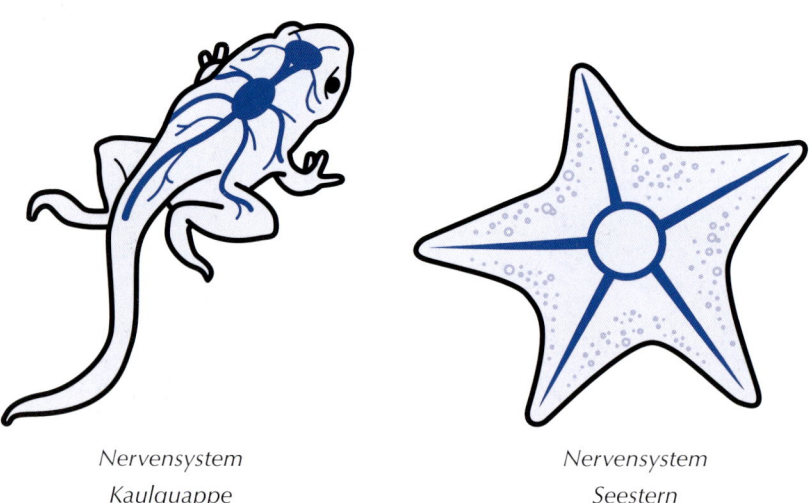

Nervensystem
Kaulquappe

Nervensystem
Seestern

kindliches Draufherumtrampeln so runterrocken, dass seine Empfind-
samkeit nach und nach auf das Niveau eines Einzellers sinkt und es
schließlich aus gesundem Selbstschutz gänzlich aufgibt.

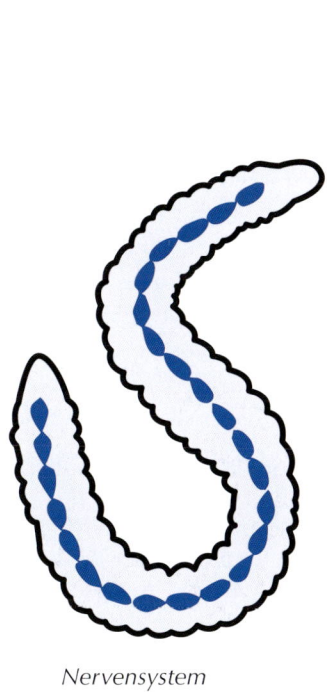

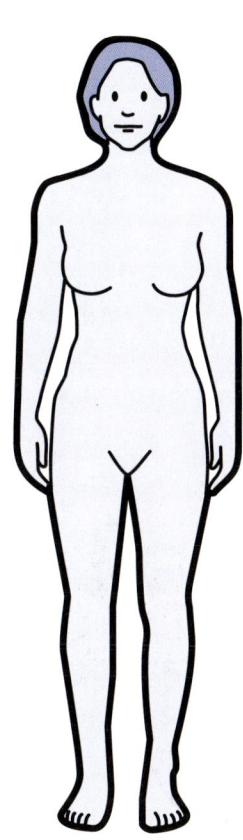

Nervensystem
Regenwurm

Gesundes Elternteil
(komplett nervenfrei)

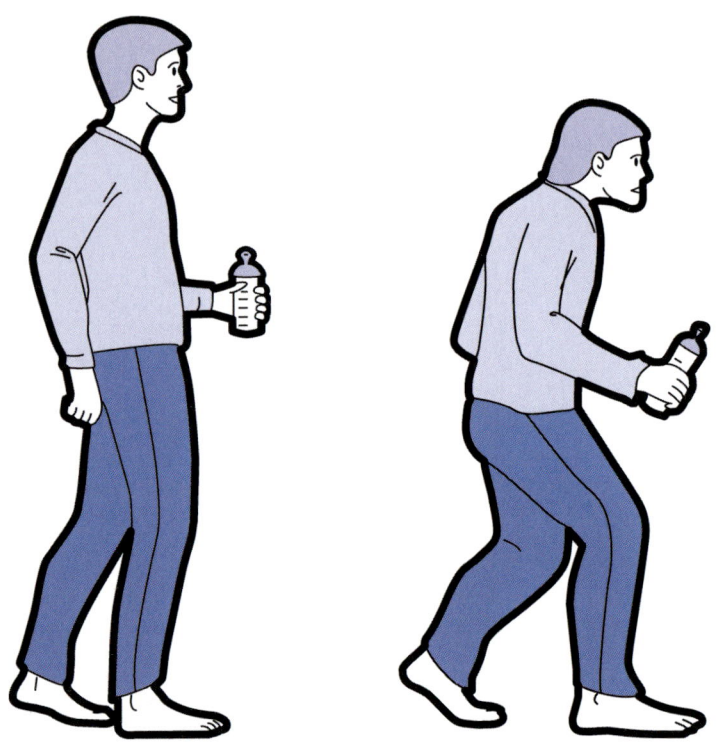

Erstes Jahr:

Die Eltern haben gelernt, ohne Schlaf und Freizeit auszukommen, und können den Alltag einarmig meistern. Sie sind in der Lage, ihr Kind zu fixieren – 24 Stunden am Tag. Sie können einfache Silben nachsprechen und tun dies mit wachsender Freude: »Dadada«, »Ababab«, »Wauwau«.

Zweites Jahr:

Die Eltern können nun auf allen vieren über den Boden robben und Gegenstände (A-a, Krümel, Legosteine) mit spitzen Fingern (Pinzettengriff) unter Sofa, Tisch, Kinderbett oder Heizung hervorpulen. Die Mutter kann ohne Hilfe einen vollbeladenen Buggy mit Kind rückwärts eine Treppe bis in den vierten Stock hochziehen. Der Vater schläft jetzt durch.

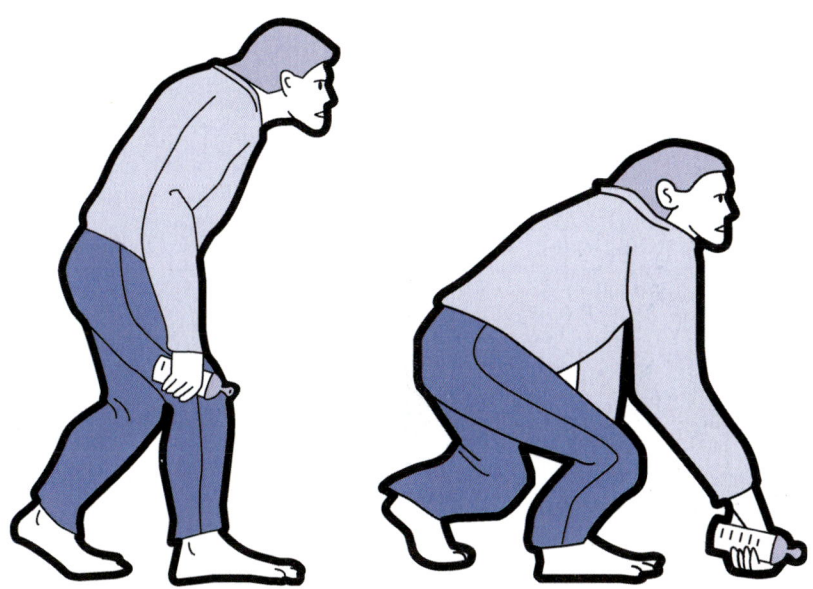

Drittes Jahr:

Die Eltern können nun bis zu vier Wörter zu einfachen Sätzen kombi-
nieren, zum Beispiel: »Wie heißt das Zauberwort?« Oder: »Ab in die
Falle!« Die Eltern beginnen, ihr soziales Umfeld zu entdecken. Sie
suchen die Nähe anderer Eltern und nehmen spielerisch Kontakt mit
ihnen auf (»Schläft Greta Valentina schon durch?«, »Möchten Sie auch
einen Ernie-und-Bert-Dinkelkeks?«).

Viertes Jahr:

Beginn der Warum-Phase, die in der existenziellen Frage gipfelt: Warum eigentlich ich?

Die häufigsten elterlichen Beschwerden

Eltern können ihr Unbehagen nur durch Jammern, Schimpfen und Nervenzusammenbrüche äußern. Deshalb ist es oft schwierig herauszufinden, was ihnen wirklich fehlt.

Die umfangreichen Informationen im folgenden Kapitel werden Ihnen bei Diagnose und Behandlung der unterhaltsamsten Elternkrankheiten zuverlässig helfen.

Abnabelung | lat.: ciao mit au

Beschreibung:
Schmerzlicher Loslösungsprozess

Mögliche Symptome:
Eltern und Kind sind durch eine Nabelschnur verbunden, die das Kind lebenslang mit Liebe, besorgten Ratschlägen und Taschentüchern versorgt.

Verlauf:
- Die Nabelschnur misst in den ersten Lebenswochen des Kindes etwa drei Meter – von der Wiege bis zum Herd.
- Später dehnt sie sich nach und nach, so dass die Eltern auch größere Entfernungen zum Kind (Kindergarten, Schule, Klassenreise) mit leichtem Ziehen, aber ansonsten schadlos überstehen.
- Durch jahrelange Überdehnung (Sundance Film Festival, Goa Trance Full Moon Party, Niagara Falls Extreme Rafting) leiert die gebeutelte Nabelschnur aus und bleibt schließlich kraft-, saft- und nutzlos liegen, bis sie vom beleidigt zurückgelassenen Elternteil endlich eingezogen und ordentlich aufgewickelt wird.

Folgen:
Mit Hilfe der Telekom finden die Eltern in der Regel einen neuen, schnurlosen Verbindungsweg zum Kind, um es weiterhin jeden zweiten Abend zum günstigen Call-a-Friend-Tarif zuverlässig mit Ratschlägen, Vorwürfen und schlechtem Gewissen zu versorgen.

Die elterliche Nabelschnur ist das längste menschliche Organ.

Abwehrschwäche | lat.: papitulation

Beschreibung:
Elterliche Unfähigkeit, konsequent nein zu sagen

Mögliche Auslöser:
Das Baby möchte das dritte Eis des Tages. Das Kleinkind möchte »Star Wars, Episode III« sehen. Der Pubertierende möchte bis zum Morgengrauen im »Black Devil« tanzen gehen.

Verlauf:
- Der elterliche Organismus bleibt vorerst stabil.
- Auf das feste »Nein« folgt bei fortschreitender Diskussion allmähliches elterliches Schwächeln. Die Abwehr gerät ins Wanken.
- Das Elternteil beugt sich schließlich ermattet und um Jahre gealtert mit einem gebrummelten »Okay, meinetwegen« der kindlichen Autorität.
- Das Elternteil versucht, sein Gesicht zu wahren, indem es mit strenger Miene und erhobenem Zeigefinger ein rührend unglaubwürdiges »Aber: absolute Ausnahme!!!« nachschiebt.

Heilungschancen:
Einfach sofort alles erlauben. Das Kind kann später mit seinem Psychiater darüber sprechen.

Alarmbereitschaft | lat.: tatütata

Beschreibung:
Elterliches Stand-by-System, das 24 Stunden am Tag unter Starkstrom steht

Einsatzgebiete:

- Herdplatten sichern, Wasserkocher sichern, Streichhölzer sichern, Messerblock sichern, Steckdosen sichern, Kerzen löschen
- Tischtücher retten, Telefon retten, Flachbildschirm retten, Laptop retten, das gute Geschirr retten, Fensterscheiben retten, Beziehung retten
- Badewasser abdrehen, Gartenschlauch abdrehen, Planschbecken leeren, Wasserpistolen beschlagnahmen, Blumenvasen sichern, Limogläser sichern, Pipipfützen trockenlegen, Tränen trocknen
- Kratzer verarzten, Beulen wegpusten, Ratscher wegzaubern, Streit schlichten, Verletzte abtransportieren

Achtung:
Immer!

Alsheimer | lat.: retrozerrspektive

Beschreibung:
Elterliche Erinnerung an die eigene Kindheit, als alles noch einfacher war, als alles noch phantasievoller war, als alles noch bescheidener war, als, als, als …

Mögliche Ausdrucksformen:
- Als ich klein war, gab's Vanille-, Schoko- und Erdbeereis. Und? Mir hat's auch geschmeckt!
- Als ich klein war, gab's Blechrollschuhe und selbstgezimmerte Seifenkisten. Und? Ich hatte auch meinen Spaß!
- Als ich klein war, gab's »Sandmännchen« und »Die Sendung mit der Maus«. Und? Ich war auch zufrieden!

Befund in einer Truhe auf dem Dachboden:
Super-8-Filme, auf denen in brillanter Farbqualität dokumentiert ist, wie das Elternteil, als es klein war, mit Zitronen-Pistazien-Mango-Eis in der Hand auf seinem getunten Bonanza-Rad in die Doppelgarageneinfahrt brettert, um dann im Hobbykeller »Lassie«, »E.T.« und »Der weiße Hai« auf der Heimkino-Leinwand zu gucken.

Ältern | lat.: omama et opapa

Beschreibung:
Spät gebärende Eltern

Auftreten:
Fünf vor zwölf

Ursache:
Gnade der späten Geburt

Symptome:
Die betroffenen Elternteile haben schon einen Baum gepflanzt, ein Haus gebaut, eine Karriere hingelegt und alle sieben Weltmeere bereist und können nun ihre ganze Zeit in das wichtigste Projekt ihres Lebens stecken: das wehrlose Kind.

Mögliche Reaktionen:
- »Na, gehst du mit deiner Oma spazieren?«
- »Also, dein Opa sieht dir richtig ähnlich!«
- »So ein Enkelkind hält einen auf Trab, was?«

Verlauf:
- Graue Haare bei der Geburt
- Dritte Zähne im Kindergartenalter
- Völlige Verkalkung im Grundschulalter

Obacht vor:
Oberschenkelhalsbruch beim Mutter-Kind-Turnen

Aussichten:
Wenn sie nicht gestorben sind, dann vermehren sie sich noch heute.

Letzte Chance:
Menno, Pause!

Arm-Mangel | lat.: mama handicap

Beschreibung:
Zu viele Aufgaben, zu wenig Arme

Mögliche Symptome:
Die betroffene Mutter ist außerstande, gleichzeitig festgeklebtes Flutschfinger-Eispapier abzudröseln, Einkaufstüten zu tragen, zu telefonieren, den Inhalt des Überraschungs-Eis zusammenzubasteln und das Fahrrad aus der Schlammpfütze aufzuheben.

Diagnose:
Arme Mama!

Was kann ich tun?
Oh! Jetzt, wo du grade stehst:
Kannst du mir mal eben einen Tee bringen?

Schon ein kleiner chirurgischer Eingriff kann das Problem des Arm-Mangels langfristig lösen.

Arztangst | lat.: medicus bangus

Beschreibung:
Elterliche Unfähigkeit, dem Kinderarzt zu vertrauen

Mögliche Symptome:
Zunehmende Gereiztheit im Umgang mit dem Arzt

Verlauf:
Führt das leichte Husten des Kindes nicht zu einer sofortigen Einweisung ins Kinderkrankenhaus inklusive Chefarztuntersuchung im Kernspintomographen, beginnen Eltern unweigerlich, die Kompetenz des Arztes in Frage zu stellen. Jede weitere Verfehlung dieser Art bestätigt den Verdacht, dass man an einen homöopathischen Quacksalber geraten ist, der sogar Lungenkrebs mit Salbei behandelt.

Alternativer Verlauf:
Führt das leichte Husten des Kindes zu einer sofortigen Einweisung ins Kinderkrankenhaus inklusive Chefarztuntersuchung im Kernspintomographen, beginnen Eltern unweigerlich, die Kompetenz des Arztes in Frage zu stellen. Jede weitere Verfehlung dieser Art bestätigt den Verdacht, dass man an einen von der Pharmaindustrie korrumpierten Antibiotikum-Verabreicher geraten ist, der schon beim Mückenstich eine Operation einleitet.

Heilungsmöglichkeit:
Bachblüten oder Skalpell

Aufklärung | lat.: mama schimmerlos, papa schimmerlos

Beschreibung:

Elterliches Aufsaugen von Bedienungsanleitungen zur Inbetriebnahme, Wartung und Instandhaltung ihres Kindes

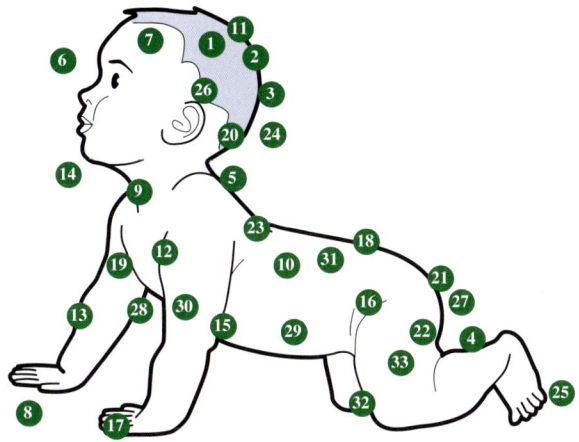

1. »Jedes Kind kann schlafen lernen«, 2. »Kinder brauchen Grenzen«, 3. »Das Weltwissen der Siebenjährigen«, 4. »Backen mit der Maus«, 5. »Oje, ich wachse!«, 6. »Das kompetente Kind«, 7. »Das Geheimnis glücklicher Kinder«, 8. »Zehn kleine Krabbelfinger«, 9. »Jedes Kind kann Regeln lernen«, 10. »Glückliche Scheidungskinder«, 11. »Starke Kinder brauchen starke Eltern«, 12. »Das Stark-mach-Buch«, 13. »Was Babys denken«, 14. »Die Supernanny«, 15. »Das Erziehungs-ABC«, 16. »Das Triple-P-Elternarbeitsbuch«, 17. »Babyflüsterer«, 18. »So wird Ihr Kind trocken. Das 20-Stufen-Programm zur Problemlösung«, 19. »Wenn Kinder trotzen«, 20. »Die Verwöhnungsfalle«, 21. »Hochbegabt und trotzdem glücklich«, 22. »Wackeln die Zähne – wackelt die Seele«, 23. »Kinderknigge für Eltern«, 24. »Jedes Kind kann Krisen meistern«, 25. »Der kleine Erziehungsberater«, 26. »Mensch, Papa!«, 27. »Baby Einstein«, 28. »Das Wut-weg-Buch«, 29. »Zappelphilipp und Störenfrieda lernen anders«, 30. »Kreative Spiele für Babys«, 31. »Coach dein Kind!«, 32. »Warum Babys weinen«, 33. »Lauter starke Jungen«

Komplikationen:

Das Kind hat die Ratgeber nicht gelesen.

Aufmerksamkeitsdefizitsyndrom | lat.: mater dolorosa

Beschreibung:
Zwanghaftes Zurschaustellen mütterlicher Leiden

Mögliche Symptome:
Im Allgemeinen ist die Frau tagsüber ausgeglichen und zufrieden, das ändert sich jedoch schlagartig bei der abendlichen Heimkehr des Mannes. Sobald sich der Schlüssel im Schloss dreht, läuft die Frau demonstrativ mit dem Baby und Bergen von Bügelwäsche von Zimmer A nach Zimmer B.

Mögliche Ursachen:
Mangel an Lob und Aufmerksamkeit

Verlauf:
Im fortgeschrittenen Stadium des ADS laufen alle vorhandenen elektrischen Geräte (Pürierstab, Waschmaschine, Wäschetrockner, Spülmaschine, Föhn, Staubsauger) zeitgleich, um das Ausmaß mütterlicher Beanspruchung zu demonstrieren. Die Geräuschkulisse wird vom vorwurfsvollen Ausatmen der Mutter begleitet.

Abendrettende Maßnahmen:
1. Ruhe bewahren
2. Machen Sie Ihrer Frau Komplimente zu Frisur, Figur und Fußboden – auch wenn Sie keinerlei Veränderung wahrnehmen.
3. Frau wärmen und trösten

Allheilmittel:
Großzügige Sachgeschenke wie Prada-Sandalen, ein farbenfroher Missoni-Strickschal oder ein Blumenbouquet aus hundert langstieligen, roten Rosen

Obacht:
Tankstellen-Blumensträuße verschlimmern o. g. Symptome!

Augenfehlstellung | lat.: mille oculi

Beschreibung:
Mütter, die ihre Augen überall haben

Erstes Auftreten:
Zu Beginn des kindlichen Krabbelalters

Mögliche Symptome:
Der Mutter wachsen plötzlich Augen am Hinterkopf.

Typische Ursachen:
- Das Kind nähert sich einem kaum von Herbstlaub zu unterscheidenden Hundehaufen.
- Das Kind schleudert bei hundertachtzig auf der Autobahn seinen Schnuller unter den Beifahrersitz.
- Das Kind entdeckt den Messerblock, während der Postbote klingelt.

Begleiterscheinungen:
- Ohren wie ein Luchs
- Nase wie ein Spürhund
- Antennen wie ein NASA-Weltall-Observatorium

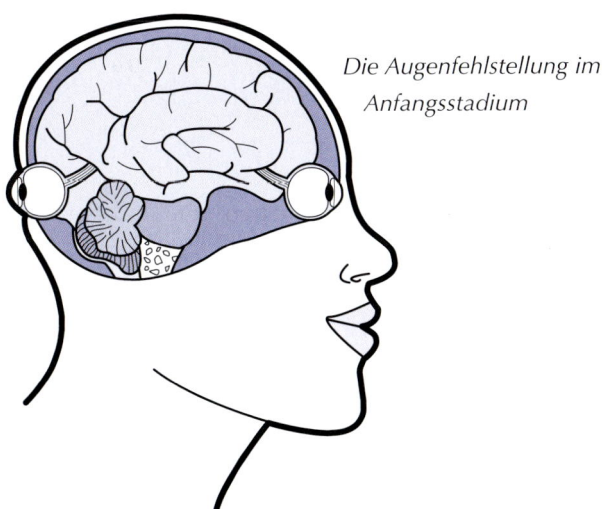

Die Augenfehlstellung im Anfangsstadium

Auto-Aggression | lat.: kombi gammlus

Beschreibung:
Allmähliches Verlottern des Familienwagens

Mögliche Symptome:
- Krümel, Bonbonpapiere, Kaugummireste und Schmierflecken unklarer Herkunft auf dem vorher makellosen Rücksitz des Wagens
- Lehmige Fußabdrücke auf der Rückseite der Vordersitze
- Ausgelaufene Trinkfläschchen, ausgeleierte »Conni«-Kinderkassetten und verknickte Pixi-Bücher auf dem gesamten Autoboden
- Kleberänder der Befestigungsnoppen inzwischen demolierter Sonnenschutz-Schattenkatzen an den hinteren Seitenfenstern

Verlauf:
Anfänglich werden die Veränderungen von den Eltern (insbesondere vom Vater) als schmerzlich erlebt, allmählich lassen die Emotionen nach, wenn der Wagen nach und nach vollkommen in den Herrschaftsbereich des Kindes übergeht.

Therapeutischer Leitsatz:
Besitz macht unfrei. Om.

Autoritätsverlust | lat.: papa tragicomica

Beschreibung:
Auch wenn der Kindsvater bisher der Deputy Chief Executive of the International Safety Corps war: Jetzt ist er nur noch der Hanswurst of the Home.

Mögliche Symptome:
- Zwei linke Hände, mit denen der Vater die Windeln falsch herum zumacht, das Kind falsch hält, den Babybrei falsch herum rührt, den Kinderwagen falsch herum schiebt
- Verkümmerte Sinne, aufgrund deren der Vater Hunger nicht von Durst, Masern nicht von Scharlach und das eigene Kind nicht vom Nachbarsjungen unterscheiden kann

Verlauf:
Der Vater wird niemals in der heimischen Hierarchie aufrücken. Im besten Fall wird er als der (leicht zurückgebliebene) Assistent der Mutter geduldet. Denn gegen mütterliche Instinkte, erweisen sie sich auch als so trügerisch wie das Samstagslotto, kann der Vater leider nicht anstinken.

Einzige Chance:
Der Bolzplatz hinterm Haus. Hier darf der Vater sonntags mit den Kindern kicken. Die absolut einzige Tätigkeit, bei der die Mutter seine Autorität anerkennt.

Babydorfwahnsinn | lat.: baby baby balla balla

Beschreibung:

Zwanghaftes, vom Nestbautrieb angepeitschtes Anschaffen, Horten und Sammeln von Baby-Artikeln, ohne die das Baby keine Überlebenschance hat

Mögliche Symptome:

- Worte wie »öko-geprüft«, »unbehandelte Baumwolle«, »pädagogisch wertvoll« und »glutenfrei« nehmen einen Großteil der elterlichen Kommunikation ein.
- Herstellernamen wie BabyBjörn und Maxi-Cosi werden fehlerfrei und flüssig ausgesprochen.
- Besitz einer Kunden-Treuekarte von Baby-Walz, Baby-Dorf und Baby-Etage

Ansteckungsgefahr:

Sehr hoch, besondere Vorsicht beim Austausch mit Gleichgesinnten im Geburtsvorbereitungskurs und während der Kreißsaalführung

Heilungschance:

Verheimlichen Sie Ihre Schwangerschaft / Ihre Entbindung / Ihr Kind so lange wie möglich.

Babyvirus | lat.: come on, baby!

Beschreibung:
Infektion, die vor allem Frauen befällt und den sofortigen, dringenden Wunsch nach einem eigenen Baby auslöst

Inkubationszeit:
1 Nanosekunde

Übertragung:
Durch Streicheln, Tätscheln, Tasten, Hören, Riechen, Anschauen, Küssen jedes x-beliebigen Säuglings

Spätfolgen:
- 1. Johannes
- 2. Maria

Chance:
Männlicher Widerstand

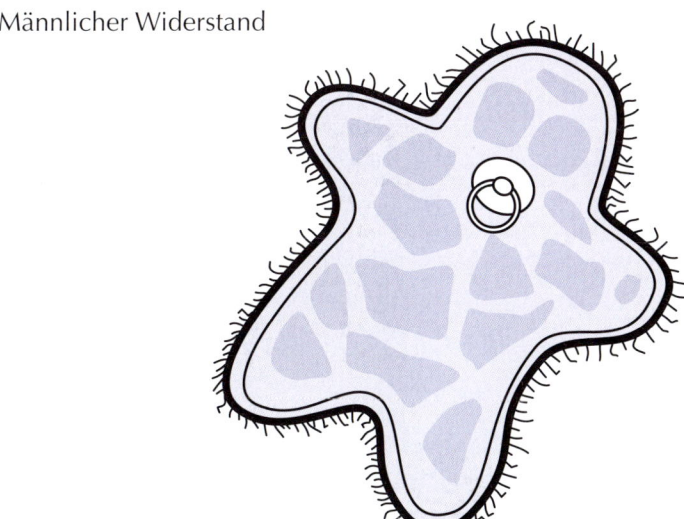

Keiner legt mehr Frauen flach als das Babyvirus.

Basteltrieb | lat.: pappa maché

Beschreibung:
Elterlicher Rückfall in kindliche Kreativität

Mögliche Symptome:
- Klingelschilder aus Salzteig mit Inschrift: »Hier leben, lieben und streiten Anna, Max, Susanne und Peter Stiesel«
- Unförmige Windlichter und Lampen aus mit Fingerfarben bemalter Pappmachépampe
- 24-teilige, selbstgetöpferte Geschirrsets
- Schaukelstühle aus zusammengeklebten Wäscheklammern
- Party-Einladungskarten im Kartoffeldruck
- Kastanienmännchen, die jeder Statik spotten
- Kleine Wichtel aus Tannenzapfen

Komplikationen:
Würstchentechnik

Gefahren:
Höllenqualen fürs Auge

Die Folgen des Basteltriebs können erschütternd sein.

Beischlaf | lat.: eros rambazamba

Beschreibung:
Ein lang gehegter erotischer Traum wird auf unvorhergesehene Weise
wahr: Sex zu dritt.

Symptome:
Mama, Papa und das Kind schlafen zusammen im Elternbett.

Auftreten:
Ab jetzt immer

Begleiterscheinung:
Die voyeuristischen Blicke von Felix der Hase, Teddy, Äffchen, Ernie,
Spongebob und Maus

Erreger:
Verschwunden

*Von Beischlaf betroffene Eltern vernehmen nachts zarte Schmatzgeräusche
und spüren das Trommeln kleiner Fäuste und Füße im Gesicht.*

Blindtext | lat.: kisuaheli neumix

Beschreibung:
Junge Eltern, die in der Erwachsenensprache mit dem Baby sprechen

Mögliche Ursachen:
- Akuter Mitteilungsstau
- Einsamkeit

Mögliche Ausdrucksformen:
- Auf dem Postamt: »Jetzt geben wir unsere Steuererklärung ab, Lina, und dann machen wir uns einen schönen Cappuccino!«
- Im Drogeriemarkt an der Kasse: »Ach, Lennard, jetzt habe ich die Stilleinlagen vergessen!«
- An der Ampel: »Mensch, wir müssen unbedingt dran denken, die Autowerkstatt anzurufen, Fritz!«

Kindliche Deutung:
Blablablablablabla, Lina; Blablablablablabla, Lennard; Blablablablablabla, Fritz.

Behandlung:
Auf Augenhöhe

Empfehlung:
Ab 0 Jahre

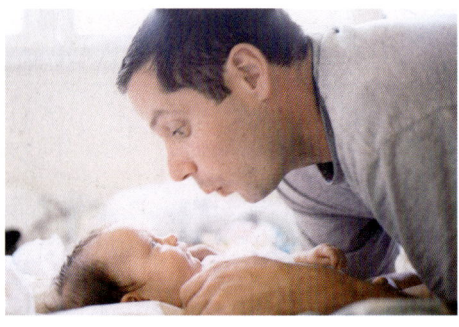

Ein unverständlich brabbelndes Elternteil braucht Liebe und das Gefühl, ernst genommen zu werden.

Brüdergrimm | lat.: kain et abel

Beschreibung:
Elterliche Unfähigkeit, mehreren Geschwisterkindern gerecht zu werden

Mögliche Herausforderungen:
- Streitereien schlichten, gegen die sämtliche Schlachten der Menschheitsgeschichte als harmloses Geplänkel anmuten
- Süßigkeiten unter den erbarmungslosen Röntgenblicken zweier rivalisierender Geschwisterkinder milligrammgenau portionieren
- Spielsachen unter dem wütenden Geschrei zweier konkurrierender Geschwisterkinder so aus den geballten Fäusten befreien, dass sie nicht in ihre Einzelteile zerbröseln
- Einen Kompromiss zwischen »Urmel aus dem Eis« und »Star Wars, Episode VI« finden, der sowohl das Kleinkind als auch den Gymnasiasten anderthalb Stunden ruhigstellt

Behandlung:
Mehrmals täglich ein doppelter Einlauf

Balsam:
Fernsehdokumentationen über Familien mit 17 Kindern anschauen

Auch wenn Pommes, Eis oder Fernsehen vorübergehend Linderung verschaffen, kann Brüdergrimm jederzeit aufflammen.

Busenwunder | lat.: pamela andersona

Beschreibung:
Mütterliche Schwellung

Symptome:
- Über Nacht schwillt die Körbchengröße der Mutter ohne Zuhilfenahme von Silikon, Salzwasserbeuteln oder Push-ups um das 20fache: Vom schlichten B auf pralles Doppel-E.
- Auch das mütterliche Selbstbewusstsein schwillt um das 20fache. Sie erwägt eine Karriere als Playmate des Jahrhunderts in Publikationen wie »Big Boobs«, »Big and Bouncy« oder »Dicke Dinger«.
- Zeitgleich schwillt auch das väterliche Interesse an der mütterlichen Brust um das 20fache.

Frühe Komplikation:
Beide Brüste sind ganztägig durch das saugende Kind, Quarkwickel oder die Milchpumpe belegt.

Späte Komplikation:
Sowohl karrieristische Träume der Mutter und erotische Träume des Vaters als auch mütterliche Brüste schrumpfen abrupt nach Beendigung der circa neunmonatigen Stillzeit. Übrig bleiben zwei mit einer Murmel gefüllte Säckchen Größe A.

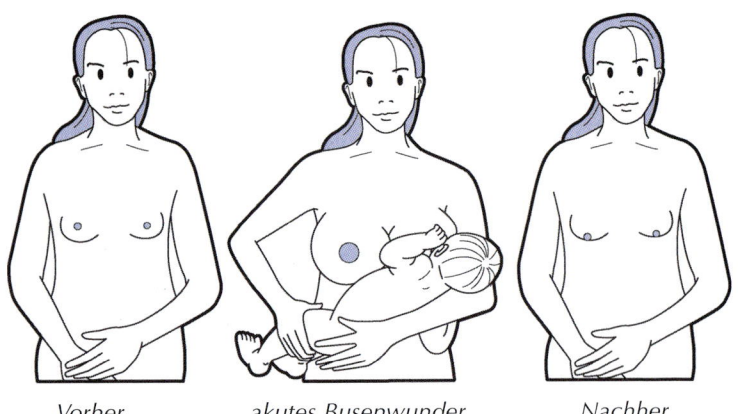

| *Vorher* | *akutes Busenwunder* | *Nachher* |

Christi Geburt | lat.: halleluja!

Beschreibung:
Verklärter Ausnahmezustand bei frischen Eltern

Diagnose:
Ein Wunder ist geschehen!

Mögliche Symptome:
- Der Himmel ist voller Engel.
- Die auserwählte Mutter liegt strahlend neben der Krippe.
- Der auserwählte Vater verkündet per Gruppen-SMS stolz: Uns ist ein Sohn geboren!
- Die Heilige Familie versammelt sich auf der Entbindungsstation V5, dritter Stock rechts.
- Die Eltern erhalten Besuch und großzügige Geschenke von den Heiligen Drei Königen Hipp, Nestlé und Pampers.

Verlauf:
Nach einigen Tagen schweben Eltern und Kind auf Wolke sieben in die heimische Herberge, wo das Kind noch ein paar Tage angebetet wird, bis unchristliche Schlafenszeiten, jesusmäßige Dreimonatskoliken und himmelhohe Windelberge die Eltern auf die Erde runterholen.

Chronische Flecken | lat.: multi klecksi

Beschreibung:
Flecken unklarer Herkunft auf der Kleidung der Eltern

Symptome:
- Es sind keinerlei Krankheitszeichen erkennbar außer Flecken unterschiedlicher Größe und Form, die sich täglich neu bilden.
- Die Flecken treten an fast allen Kleidungsstücken auf.
- Die Flecken sind zumeist karottenbreiorange, ketchuprot, schlumpfeisblau oder matschbraun.

Verlauf:
Krustenbildung

Diagnose:
Meist handelt es sich um Flecken, die nie wieder verschwinden.

Empfehlung:
Einen Großhandelsrabatt mit Dr. Beckmann aushandeln

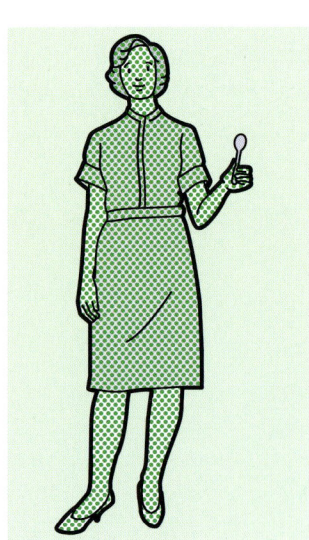

Erster Befall   *Späterer Befall*

Doppelbelastung | lat.: mamma jamma

Beschreibung:
Lamentieren von Frauen, die Job und Kind unter einen Hut bringen –
bzw. eben nicht unter einen Hut bringen

Mögliche Symptome:
- Kollegen, die den Fehler begehen, die Frau um etwas (Unterlagen, ein Telefonat, einen Stift) zu bitten, bekommen zur Strafe einen mitleidheischenden Endloskatalog mütterlicher Pflichten um die Ohren gehauen, der in der Regel mit einem Seufzer und der Feststellung endet: »Tja, so ist das halt, wenn man Mutter ist!«
- Kinder, die den Fehler begehen, die Mutter um etwas (Taschengeld, eine Unterhose, ein Butterbrot) zu bitten, bekommen zur Strafe einen mitleidheischenden Endloskatalog beruflicher Pflichten um die Ohren gehauen, der in der Regel mit einem Seufzer und der Feststellung endet: »Tja, so ist das halt, wenn man berufstätig ist!«

Leichter Trost:
Beides ist NICHTS gegen das,
was der Mann zu hören bekommt,
wenn er die Frau um etwas
(Sex) bittet.

*Achtung: Die Erscheinungsformen
der Doppelbelastung können leicht mit
denen der Persönlichkeitsspaltung
verwechselt werden.*

Dreimonatskoliken | latein am ende

Beschreiung:
Rund um die Uhr

Symptome:
Das betroffene Elternteil wippt, schaukelt, wiegt, trägt, juckelt, ruckelt, rotiert, hüpft, tanzt, streichelt, tätschelt, massiert, knetet, klopft, ölt ein, wickelt, säubert, kitzelt, küsst, knutscht, umarmt, tröstet, beschwichtigt, beruhigt, beschwört, lullt ein, stillt, liebkost, umarmt, badet, puckt, pustet, bläst, spaziert, läuft, rennt, rast auf und ab, singt, reimt, dichtet, liest vor, wippt, schaukelt, wiegt, trägt, juckelt, ruckelt, rotiert, hüpft, tanzt, streichelt, tätschelt, massiert, knetet, klopft, ölt ein, wickelt, säubert, kitzelt, küsst, knutscht, umarmt, tröstet, beschwichtigt, beruhigt, beschwört, lullt ein, stillt, liebkost, umarmt, badet, puckt, pustet, bläst, spaziert, läuft, rennt, rast auf und ab, singt, reimt, dichtet, liest vor, wippt, schaukelt, wiegt, trägt, juckelt, ruckelt, rotiert, hüpft, tanzt, streichelt, tätschelt, massiert, knetet, klopft, ölt ein, wickelt, säubert, kitzelt, küsst, knutscht, umarmt, tröstet, beschwichtigt, beruhigt, beschwört, lullt ein, stillt, liebkost, umarmt, badet, puckt, pustet, bläst, spaziert, läuft, rennt, rast auf und ab, singt, reimt, dichtet, liest vor, wippt, schaukelt, wiegt, trägt, juckelt, ruckelt, rotiert, hüpft, tanzt, streichelt, tätschelt, massiert, knetet, klopft, ölt ein, wickelt, säubert, kitzelt, küsst, knutscht, umarmt, tröstet, beschwichtigt, beruhigt, beschwört, lullt ein, stillt, liebkost, umarmt, badet, puckt, pustet, bläst, spaziert, läuft, rennt, rast auf und ab, singt, reimt, dichtet, liest vor, wippt, schaukelt, wiegt, trägt, juckelt, ruckelt, rotiert, hüpft, tanzt, streichelt, tätschelt, massiert, knetet, klopft, ölt ein, wickelt, säubert, kitzelt, küsst, knutscht, umarmt, tröstet, beschwichtigt, beruhigt, beschwört, lullt ein, stillt, liebkost, umarmt, badet, puckt, pustet, bläst, spaziert, läuft, rennt, rast auf und ab, singt, reimt, dichtet, liest vor …

Erfolg:
UuuuäääääääääääääääääääääääääääääähhhhhhhHHHHHHHHHHH!!!

Einrichtungsfieber | schwed.: billy-tis

Beschreibung:
Mütterliche Pilgerfahrten zu IKEA

Auftreten:
Mo.–Do.: 9.30 bis 21.00 Uhr, Fr.–Sa.: 9.30 bis 22.00 Uhr

Verlauf:
- Betroffene Mütter verspüren in regelmäßigen Abständen den Drang, mit Kind, Kegel und anderen Müttern fünfzehn Kilometer durch den Autobahnverkehr zum nächsten IKEA zu fahren.
- Fünf Minuten nach der Ankunft stellt sich Kindergequengel ein, das nach der Kinderabgabe in Småland in der Regel rasch abklingt.
- Nun steigt das Shopping-Fieber auf den Höhepunkt. Die befallenen Mütter legen, mit Maßband, gelber Riesentüte und Bleistift ausgerüstet, einen 1.574 Kilometer langen Fußmarsch von MALMÖ bis NARVIK durch Galaxien von Sofas, Schränken, Tischen, Betten, Regalen und Küchenzeilen zurück. Dieses Stadium kann ewig dauern.

Begleiterscheinungen:
Heißhunger nach Fleischklößchen mit unaussprechlichen Namen, der im Selbstbedienungsrestaurant gestillt wird.

Komplikationen:
Die kleine Lena möchte irgendwann aus dem Småland-Kinderparadies abgeholt werden, die Mutter aber nicht aus dem Elternparadies.

Folgen:
Mütter und Kinder schlagen mit vollem Bauch und Einkaufswagen voller Kleinkram an KASSÖ auf und fahren anschließend bester Laune in der Kombi-Kolonne wieder fünfzehn Kilometer nach Hause.

Spätfolgen:
Ein niemals aufzubrauchender Berg von Teelichten, Servietten, bunten Pappkisten und Vierkantschlüsseln

Elterliche Bettflucht | lat.: morning has broken

Beschreibung:
Grund- und nutzloses Erwachen am frühen Morgen

Mögliche Symptome:
- Unfähigkeit, wieder einzuschlafen
- Mit offenen Augen im Dunkeln liegen und im Geist die To-do-Liste des Tages durchgehen oder der verblassenden Erinnerung an den letzten Geschlechtsverkehr nachhängen (siehe auch: Pränatales Zeitalter).

Mögliche Ursachen:
Konditionierung durch jahrelanges Aufwachen vor der Morgendämmerung, die weiterwirkt, auch wenn das Kind auf Klassenreise, im Schüleraustausch oder längst ausgezogen ist

Verlauf:
Die elterliche Bettflucht schwächt ab und geht irgendwann übergangslos in senile Bettflucht wegen nächtlichen Blasenentleerungsdrangs über.

Literaturtipp:
»Jedes Elternteil kann schlafen lernen«, Uhu-Verlag

Elternabend | lat.: jour ficks

Beschreibung:
Elterlicher Druck, wertvolle Zeit als Mann und Frau zusammen zu verbringen

Auftreten:
Jeden Mittwochabend

Klassischer Verlauf:

- Mit leichter, von der Babysitterin verursachter Verspätung und fest entschlossen, sich zu amüsieren, gehen die Eltern spontan zum fest reservierten Tisch bei dem Italiener, bei dem sie sich früher immer unter die Tischplatte getrunken haben.
- Trotz bleierner Müdigkeit, die sich nach dem Genuss eines Gläschens Sekt-Aperol auf Mann und Frau legt, bemühen sich beide tapfer, eine perlende Konversation aufzunehmen, die ohne die Begriffe »U8«, »Hortplatz« oder »Regenhose« auskommt.
- Der Kellner stellt zu den Klängen von Eros Ramazotti die Spaghetti Vongole per due auf den Tisch, das Paar schaut eisern durch den pakistanischen Rosenverkäufer hindurch.
- Der Mann versucht spielerisch, Kontakt zu seiner Frau aufzunehmen, indem er ihr eine Muschel in den Mund schiebt. Die Frau beißt ihm vor Schreck in den Finger, beide überspielen das Malheur mit heiterer Miene.
- Zeitgleich mit dem Tiramisu platzt die Babysitterin mit der erlösenden Botschaft in den Abend, dass Paul weint. Mann und Frau stürzen erleichtert und in vereinter Elternschaft aus dem Vulcano.
- Der Mann liegt vorfreudig in der Biber-Bettwäsche und kämpft entschlossen gegen den Schlaf an. Nach 35 Minuten kommt die Frau aus dem Kinderzimmer, löscht das Licht und sagt in die Dunkelheit hinein: »Gute Nacht, mein Tiger.«

Chance:
Nächsten Mittwoch

Elternlähmung | lat.: no go

Beschreibung:
Plötzlich auftretende Fortbewegungsunfähigkeit, die Stunden anhalten kann

Mögliche Symptome:
Eine kleine Hand, die an einem zerrt, und eine sich überschlagende Stimme, die Kuckma! ruft

Mögliche Auslöser:
Das Auftauchen unbeschreiblich langweiliger Gegenstände, zum Beispiel eines Baggers, der städtischen Müllabfuhr, einer Pfütze, einer Ameise, die über den Gehweg kriecht

Was kann ich tun:
- Rüsten Sie sich für einen Aufenthalt von unbestimmter Dauer aus: Thermoskanne, Campingstuhl, warme Decken, Sonnenschirm, Regenschirm sollten bei keinem Spaziergang fehlen.

Gefahr:
Festwachsen

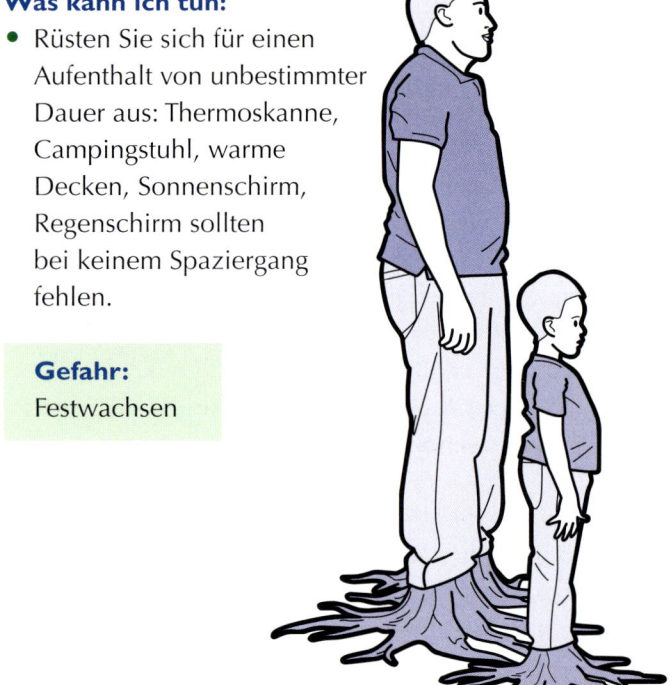

Leider gar nicht fortgeschrittenes Stadium der Elternlähmung

Elternüberraschung | lat.: kuckuck

Beschreibung:
Der spontane Drang berufstätiger Mütter, den Nachwuchs mit ihrer Anwesenheit zu beglücken

Mögliche Auslöser:
Im Kalender der berufstätigen Mutter ist unvermutet ein Zeitfenster aufgegangen.

Mögliche Reaktionen:
- Die Mutter ruft die Tagesmutter/Babysitterin/Schwiegermutter an, um zu verkünden, dass diese heute frei hat.
- Die Mutter taucht zum Erstaunen des Kindes anstelle der Tagesmutter/Babysitterin/Schwiegermutter zum Abholen aus Kindergarten/Schule/Hort auf.
- Die Mutter hat den Mittagstisch liebevoll gedeckt, den Essensplatz des Kindes mit einer Süßigkeit geschmückt und Kerzen angesteckt.
- Die Mutter erkundigt sich freundlich und unbeholfen bei ihrem friedlich vor sich hin kauenden Kind nach der Schule, nach den Hausaufgaben, nach den Freunden: Na, was macht ihr gerade so in Mathe? Ist Luis noch dein bester Freund? Wie findest du eigentlich Tokio Hotel?
- Die Mutter sitzt mit heiterem Ich-stör-doch-nicht-oder?-Blick im Zimmer des Kindes und beobachtet das Kind wohlwollend bei den Hausaufgaben, beim Gitarreüben, beim Malen.
- Die Mutter bietet sich zum nachmittäglichen Memory-, Mensch-ärgere-dich-nicht- oder Ich-sehe-was-was-du-nicht-siehst-Spiel an.

Komplikation:
Im Kalender des Kindes ist dummerweise kein Zeitfenster für die Mutter vorgesehen.

Engelszunge | lat.: mama singsang

Beschreibung:

Mütterlicher Überzeugungsdrang, der sich in süßlichem Tirilieren äußert

Mögliche Erscheinungsformen:

Willst du nicht noch et- was Ap- fel?

Schau mal, ist doch hübsch, die Ho- se!

Der Dok- tor will doch nur mal schauen!

Ma- ma wäscht sich auch die Haa- re!

Begleiterscheinung:

Geigen-, Harfen- und Violinenklänge

Typische Reaktion:

Nö – höö

Epidemie | lat.: virus maximus

Beschreibung:
Alle im Umfeld der Erdatmosphäre grassierenden Viren magnetartig anziehen und nach und nach an die ganze Familie weitergeben

Auffälligkeit:
Je ekliger die Krankheit, desto willkommener

Erstes Anzeichen:
Ein buntes, mit gemalten Blumen verziertes Schild an der Tür von Spielgruppe/Krippe/Kindergarten/Schule/Hort: »Wir haben Scharlach/ Windpocken/die Pest«.

Folge:
Wir haben Scharlach/Windpocken/die Pest.

Verlauf:
Bevor der Virus in seiner nun schlimmsten Form endlich auch Florence Mama Nightingale erfasst, schafft es ihr Mann, mit einem raffinierten medizinischen Hechtsprung rechtzeitig vor ihr zum Pflegefall (s. Seite 126) zu werden.

Tafeln zur schnellen Selbstdiagnose:

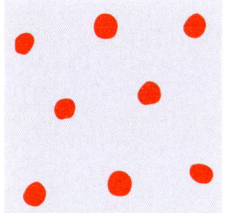 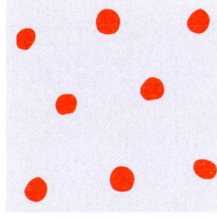 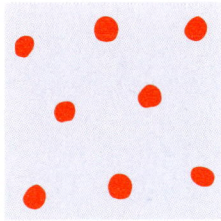

Harmlose Pusteln   *Leichte Windpocken*   *Tödliche Pest*

Erbgut | lat.: gen manipulation

Beschreibung:

Der elterliche Wunsch, das Kind möge nach dem eigenen Ebenbild geschaffen sein

Mögliche Symptome:

Das Elternteil erkennt sich selbst in den guten Eigenschaften des Kindes wieder und schiebt dessen schlechte Eigenschaften dem fehlerhaften Erbgut (Erbschlecht) des anderen Elternteils in die Schuhe.

Mögliche Ausdrucksformen:

- Also, das musische Talent hat er von MIR!
- Guck mal, was Dein Sohn wieder mal angerichtet hat!
- Tja, der Apfel fällt eben nicht weit vom Stamm!

Verlauf:

Das Kind entwickelt sich trotz des mittelmäßigen Genpools seiner Eltern prächtig.

Weiterer Verlauf:

- Spätestens im Teenageralter macht das Kind den Eltern unmissverständlich klar, dass sie sowieso nicht seine leiblichen Eltern sind und ihm deshalb auch keine Eigenschaften vererbt haben können.
- Oder dass es sämtliche schlechten Eigenschaften von seinen Eltern und sämtliche guten von sich selbst und seinen gepiercten, kiffenden, loungenden und chillenden Freunden hat.

Erhobener Zeigefinger | lat.: parens dududuu

Beschreibung:
Chronische Fehlhaltung des elterlichen Handapparats

Mögliche Ursachen:
Der Erziehungsberechtigte hat seinen Zuständigkeitsbereich ausge-
weitet und gebärdet sich als pädagogisches Zentralorgan des Univer-
sums.

Mögliche Auslöser:
- Ein Rentner huscht bei Orange über die Ampel.
- Ein kinderloses Paar drängelt sich in der Minimodelleisenbahn-
  Schlange vor.
- Der Kindergärtnerin rutscht das Wort »Scheibenkleister« raus.
- Ein Jugendlicher hört laut iPod.
- Der Biogemüseverkäufer raucht eine Zigarette.

Symptome:
- Hochgezogene Augenbrauen
- Tadelnder Blick
- Extreme Ausschüttung von Moralinsäure

Verlauf:
Vorbildlich, korrekt und völlig im Einklang mit der Verfassung, dem
Bürgerlichen Gesetzbuch, der Straßenverkehrsordnung und der Haus-
ordnung

Wirksames Gegenmittel:
Der erhobene Mittelfinger

Erstgeburt | lat.: very important mama

Beschreibung:
Mütter, die glauben, sie seien die ersten Frauen der Welt, die ein Kind haben

Typische Symptome:
- Die betroffenen Jungmütter erzählen Müttern, die bereits zwei bis drei halbwüchsige Kinder haben, in epischer Breite über die Herausforderungen des neuen Lebens mit Baby. Der Bericht endet in der Regel mit einem gestöhnten: »Das kannst du dir nicht vorstellen!«
- Die befallenen Mütter kommen zu jeder Verabredung ganz selbstverständlich mindestens eine halbe Stunde zu spät. Weil das Kind nicht einschlafen wollte, weil es sich nicht anziehen ließ, weil es noch spielen wollte. Das kannst du dir nicht vorstellen!
- Die erkrankten Mütter kommen nicht mehr zum Arbeiten, nicht mehr zum Einkaufen, nicht mehr zum Kochen, nicht mehr dazu, Verabredungen zu treffen, nicht mehr dazu, Verabredungen abzusagen, nicht mehr zum Telefon, nicht mehr zur Haustüre, nicht mehr zum Zähneputzen, nicht mehr zum Atmen. Denn ein Baby zu haben ist so anstrengend, das kannst du dir nicht vorstellen!

Wie kann ich helfen?
Gar nicht. Das kannst du dir nicht vorstellen.

Heilung:
Das zweite, dritte, vierte Kind

Exhibitionismus | lat.: power point

Beschreibung:
Das unablässige Präsentieren des eigenen Kindes gegenüber Freunden, Bekannten, entfernten Bekannten und dem Mann von der GEZ

Mögliche Symptome:
- Endlose Videomitschnitte der unspektakulärsten Momente im Leben des Kindes vorspielen
- Das Geburtsfoto, ausgefallene Milchzähne, die erste abgeschnittene Haarlocke, die ersten Fingernagelschnipsel, den getrockneten Nabelschnurstumpf des Babys stets griffbereit bei sich führen und unaufgefordert vorzeigen
- Jede Gelegenheit (Diskussion über die EU-Erweiterung, über das neue Album der Beastie Boys, über die neue Kollektion von Stella McCartney) beim Schopf packen, um ausgiebig über die Körperausscheidungen des eigenen Kindes zu referieren

Verlauf:
Nicht auszuhalten

Vom Exhibitionismus befallene Eltern werden in der Regel zwangskuriert, wenn im Bekanntenkreis ein anderes Neugeborenes auftaucht und dem eigenen Baby die Schau stiehlt.

Farbblindheit | lat.: colera minor

Beschreibung:

Das Verschwinden einzelner Farben bzw. ganzer Farbfamilien aus dem Farbspektrum der elterlichen Wahrnehmung

Symptome:

- Ab der Geburt einer Tochter nehmen die betroffenen Elternteile nur noch die Farben Diddl-Rosa und Barbie-Lila wahr.
- Ab der Geburt eines Sohnes nehmen die betroffenen Elternteile nur noch die Farben Morastgrün und Schlammbraun wahr.

Betroffene Gebiete:

Kleidung, Spielzeug, Mobiliar, Geschirr, Töpfe und Pfannen, Wände und Böden, Kinderzimmer, Schlafzimmer, Wohnzimmer, Esszimmer, Küche, Bad, Büro, Flur, Balkon, Terrasse, Garten, Garage, Auto, Fahrräder

Chance:

Spätestens, wenn das pubertierende Kind von seinem geschmacklichen Mitspracherecht Gebrauch macht, verschiebt sich der Farbreigen hin zu wohltuenden Farbdreiklängen wie No-tomorrow-Grau, Fuckyou-Umbra und Ich-hasse-euch-alle-Schwarz.

Feierabendstarre | lat.: tele apathie

Beschreibung:
Todesähnlicher Zustand, der schlagartig nach dem erfolgreichen Zubettbringen der Kinder einsetzt

Mögliche Symptome:
- Bewegungsunfähigkeit, die höchstens das Anstarren eines »Tatorts« zulässt
- Der ganze Körper ist von karierten Wollplaids bedeckt.
- Die Zunge ist mit einer gelblichen Schicht von Kartoffelchipskrümeln belegt.
- Es ist keine Hirntätigkeit zu verzeichnen.

Begleiterscheinung:
Rötlicher Abdruck der Fernbedienung auf der Wange

Leichter Verlauf:
Im günstigsten Fall schaffen es die Betroffenen aus eigener Kraft, sich ins Schlafzimmer zu schleppen und dort ungewaschen und vollständig bekleidet ins Bett zu sacken.

Normaler Verlauf:
Die Betroffenen sinken ins Koma und erlangen gegen 5.30 Uhr in der Frühe das Bewusstsein zurück – durch den lauten Weckruf des heiteren, ausgeschlafenen Kindes.

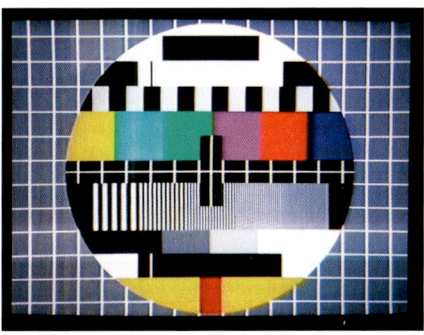

Das Endstadium der Feierabendstarre ist gleichermaßen zum Fürchten wie zum Gähnen.

Fernweh | lat.: amour fou

Beschreibung:
Überschäumendes Liebesgefühl dem engelsgleichen, unschuldigen, bezaubernden, putzigen, rührenden, zarten, intelligenten, talentierten, kreativen, interessierten, eloquenten, aufgeschlossenen, geduldigen, verständnisvollen, warmherzigen, zärtlichen, wachen, bescheidenen, freundlichen, hilfsbereiten, gut aussehenden, charmanten, witzigen, perfekt proportionierten, sportlichen, mutigen, einzigartigen, perfekten Kind gegenüber

Auslöser:
Das Kind ist verreist.

Spontanheilung:
Sobald das Kind heimkommt und das Zuhause mit Leben, Lärm, Matsch, Gebrösel, Genöle und Kochwäsche erfüllt

Obacht, bei derartigen Visionen leiden Sie höchstwahrscheinlich an einer stark ausgeprägten Form von elterlichem Fernweh.

Formverlust | lat.: super size me

Beschreibung:
Mütterliche Figurveränderung nach Schwangerschaft und Geburt

Symptome:
- Anschwellen des Körpers von Konfektionsgröße 34/36 auf XXXL
- Dramatisches Absacken wichtiger Körperteile wie Busen, Bauch, Gesäßbacken, Augenlider
- Puddingartiges Gewebe an exponierten Körperstellen wie Bauch, Schenkel und Oberarme

Was kann ich tun?
→ Meiden Sie grelles Umkleidekabinenlicht. Bevorzugen Sie gedämpftes Kerzenlicht.
→ Begegnen Sie dem anderen Geschlecht ausschließlich im Dunkeln/Halbdunkeln nackt.
→ Lässt sich das öffentliche Auftreten in Badeanzug/Bikini/Unterwäsche nicht vermeiden, machen Sie schnelle Bewegungen, um eine wohltuende Konturenunschärfe zu erzeugen.
→ Winken Sie niemals(!) mit bloßen Armen zum Abschied. Nicken Sie stattdessen. (Obacht bei Doppelkinn!)

Achtung:
Niemals nackt nach vorne beugen (zum Beispiel beim Haareföhnen), schockartiger Zustand und schwere Depressionen mit suizidalen Tendenzen können ausgelöst werden.

Meiden:
Bikinisaison

Aus Rücksicht auf die Gefühle der Betroffenen verzichten wir an dieser Stelle auf ein Schaubild der Symptome.

Fremdeln | lat.: claustrophobie, lenatrophobie, maxtrophobie

Beschreibung:

Eltern sind mit Aussehen, Verhaltensweisen und Körperausscheidungen der eigenen Kinder vertraut. Auf fremde Kinder reagieren sie bei direktem Kontakt oft mit Ablehnung.

Mögliche Auslöser:

- Ein fremdes Baby, das aus Gefälligkeit gehütet wird, hat ausgerechnet jetzt schlimmen Durchfall und muss gewickelt werden.
- Ein fremdes Kleinkind hat beim Toben seinen Heidelbeersaft auf dem Sofa ausgeschüttet.
- Ein fremdes Schulkind niest beim gemeinsamen Mittagessen herzhaft in die Rohkostschüssel.
- Ein fremder, muffig riechender Vorpubertärer latscht grußlos auf Nike Airs Größe 46 zum Kühlschrank und trinkt das Carpe-Diem-Kombucha auf Ex.

Symptome:

- Stirnrunzeln
- Verschränkte Arme
- Zusammengebissene Zähne

Linderung:

Gebete (Herrgott, lass Abend werden!)

> **Chance:**
> Nur noch 32 Minuten, 43 Sekunden und 14 Nanosekunden, bis das fremde Kind abgeholt wird

Frischluftfanatismus | lat.: parens alnatura

Beschreibung:
Der elterliche Drang, bei jedem Wetter und zu jeder Uhrzeit nach draußen zu gehen, führt zu überwältigenden Naturerlebnissen.

Auftreten bei:
- Sonnenaufgang und Morgentau um 4.30 Uhr mit hellwachem Baby auf dem Arm
- Nachtfrost und Minusgraden unter freiem Sternenhimmel beim nächtlichen Umhertragen des Babys
- Nieselregen und Schauern beim samstäglichen Bolzplatzbesuch
- Tropenhitze und Ozonhöchstwerten beim sommerlichen Ausharren am Babybecken im Freibad
- Schnee- und Hagelstürmen beim Durchwandern des Streichelzoogeheges

Trotzreaktion:
Ah! Riech mal! Die gute Luft!

Folgen:
Eine wettergegerbte Gesichtshaut wie eine Jahrhunderteiche

Begleiterscheinungen:
Betroffene Eltern begegnen der heimischen Fauna außerdem in Form von in Kinderhosentaschen deponierten Regenwürmern, Froschschenkeln und Taubenfedern.
Betroffene Eltern begegnen der heimischen Flora außerdem in Form von in der Waschmaschine aufgefundenen Stöckchen, Steinchen und Blättchen.

Folge:
Die Eltern können bei Quizsendungen mit der exakten Identifizierung, Benennung und Katalogisierung sämtlicher Wetterlagen, Tiere und Pflanzen auftrumpfen.

Fusseliger Mund | lat.: laber rhabarber

Beschreibung:

Folge unaufhörlichen mütterlichen Redeflusses

Auslöser:

Ab ins Bett! Zieh dir Hausschuhe an! Hast du die Hausaufgaben gemacht? Feierabend, jetzt wird geschlafen! Nicht in dem Ton! Könnt ihr einmal nicht streiten? Das räumst du aber selber wieder weg! Ich bin doch nicht dein Dienstmädchen! Bist du angeschnallt? Du siehst doch, dass ich telefoniere! Du musst jetzt echt los. Wie war's in der Schule? Was gab's denn heute zu essen? Nicht mit vollem Mund! Halt mal das Messer richtig! Nein, jetzt ist keine Süßigkeitenzeit. Das macht man nicht! Wie heißt das Wort? Aber jetzt zackzack! Das müsstest du in deinem Alter echt können! Zähneputzen nicht vergessen! Und um Punkt neun ist das Licht aus! Wenn's kaputt geht, bin ich nicht schuld! Und nachher heulst du wieder! Das ist aber kein schönes Wort! Das ist mir ganz egal, was Luis darf! Ach, und wenn Leon von der Brücke springt, springst du hinterher, oder was? Mach die Jacke zu. Dein Schuh ist auf! Vieel zu laut! Hör doch mal mit dem Gezappel auf! Das ist aber jetzt das letzte Mal! Sei mal netter zu deinem Bruder! Das hab ich dir doch schon tausendmal gesagt! Na gut, dann ist aber Sense!

Komplikation:

Stößt ausnahmslos auf taube Ohren

Therapie:
→ Einfach mal die Klappe halten

Gastritis | lat.: hotel mama

Beschreibung:
Mit der Geburt des Kindes wird aus dem Paar eine Familie. Eine große Familie.

Typische Symptome:
Oma Düsseldorf, Opa Stuttgart, Tante Hedwig, Onkel Thomas und der Schwippschwager dritten Grades geben sich von nun an übergangslos die Türklinke in die Hand.

Verlauf:
Die Gastritis breitet sich von Wohnzimmer über die Küche bis ins Schlafzimmer flächendeckend aus.

Risiken:
Eine akute und andauernde Gastritis kann zu hoch entzündlichen Situationen, vergifteter Atmosphäre und Magengeschwüren führen.

Behandlung:
Übernachtung mit Vollpension, all inclusive

Chancen:
Abreise

Geburtstagswehen | lat.: haeppi boersdei

Beschreibung:
Langwierige und kräftezehrende Einleitung des Kindergeburtstags

Mögliche Symptome:
- Ideen-Pressen, das etwa ein halbes Jahr vor dem Geburtstag beginnt und schließlich in einem Bob-der-Baumeister-Geburtstag gipfelt
- Durchhecheln aller Besorgungen, die für den großen Stichtag gemacht werden müssen
- Schweißtreibendes Suchen nach Themenhütchen, -tütchen und Motivballönchen
- Lautes Stöhnen beim Basteln designpreisverdächtiger Einladungen, die am nächsten Tag zwischen speckigen Salamipausenbroten landen

Folgen:
Erhöhter Kreativdruck bei anderen Eltern, die jetzt nicht mehr mit einer vorgefertigten Kaufhaus-Garfield-Karte durchkommen

Komplikationen:
Am Vorabend des Geburtstags beschließt das Geburtstagskind, entweder krank zu werden oder das Partymotto über Bord zu werfen.

Wehenhöhepunkt:
In der Regel 15 bis 18 Uhr. Während dieser Zeit ist der Muttermund durchgängig geöffnet und der Vatermund damit beschäftigt, Luftballons aufzublasen.

Das tut gut:
→ Eine Betäubung in Form von Prosecco

Erlösung:

Direkt nach dem Abholen der kleinen Geburtstagsgäste schnappen die Eltern nach Luft und stoßen einen befreienden Urschrei aus.

Eltern brauchen nach Geburtstagswehen sehr viel Zeit und Ruhe, um wieder zu Kräften zu kommen.

Geduldsfadenriss | lat.: falling down

Beschreibung:
Der Geduldsfaden ist ein unterentwickeltes, sehr dünnes elterliches Organ, das bei der geringsten Beanspruchung reißt.

Symptome:
Der akute Geduldsfadenriss geht mit elterlichem Schreien einher, dessen Lautstärke den zulässigen Lärmpegel eines internationalen Flughafens überschreitet und an den umliegenden Häusern vorbei bis zum zuständigen Jugendamt schallt.

Ist es ernst?
Keine Sorge: Schreien ist ein weit verbreitetes Verständigungsmittel der Eltern, das lediglich ein Angebot zur Kommunikation darstellt.

Verlauf:
Der Geduldsfadenriss steigert sich bis zum Stimmbandriss.

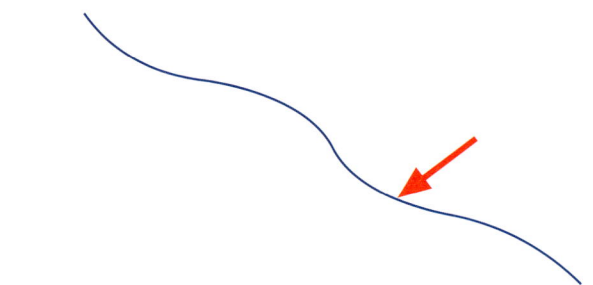

Elterlicher Geduldsfaden – zwanzigtausendfache Vergrößerung

Geschlechterkrampf | lat.: sexus komplexus

Beschreibung:
Elterliche Bemühung, das Kind ohne Geschlechterschranken aufzu-
ziehen

Möglicher Auslöser:
Das Elternteil stellt beim Vorlesen eines Kinderbuchs fest, dass alle
wichtigen Figuren männlichen Geschlechts sind: DER Baggerführer,
DER Polizist …

Mögliche Reaktion:
Das Elternteil nimmt beim Vorlesen eine politisch korrekte, aber op-
tisch unglaubwürdige Veränderung vor: »Der Baggerführer oder die
Baggerführerin gräbt eine Grube aus.« »Der Polizist oder die Polizistin
verhaftet den Dieb oder die Diebin.« …

Mögliche Komplikationen:
Die Krankenschwester oder der Krankenbruder verarztet die Wunde
oder den Wunderich, da kommt die Hebamme oder der Hebammer
hinzu …

Folgen:
Selbst einfache, harmlose Gutenachtgeschichten haben plötzlich die
Länge von »Romeo und Julia« (Romea und Julio) sowie eine verwir-
rende Anzahl von Darstellern.

Chancen:
Die Tochter will sowieso nicht vorgelesen bekommen, sondern lieber
Barbie spielen, der Sohn ist längst mit dem Bauarbeiterhelm auf dem
Kopf eingeschlafen.

Gewissensbisse | lat.: mama rabe

Beschreibung:

Bei der Befruchtung der weiblichen Eizelle wird nicht nur ein Baby, sondern auch das schlechte Gewissen gezeugt.

Mögliche Symptome:

- Angst, eine schlechte Mutter zu sein
- Das Gefühl, tadelnde Blicke von anderen Eltern, Lehrern, Erziehern, Ärzten, Bäckerinnen, Kassiererinnen, alten Frauen auf der Straße, Hunden, Laternen auf sich zu ziehen

Mögliche Auslöser:

- Das eigene Kind hat als einziges Kind in der Klasse Ausflugsrucksack/Schwimmtasche/ Turnbeutel nicht dabei.
- Die häusliche Obstschale ist nicht ausgewogen gefüllt.
- Das eigene Kind kann noch nicht krabbeln/Fahrrad fahren/schwimmen/seiltanzen/eine Operation am offenen Herzen durchführen.
- Das Kind weint als einziges beim Abschied in Kita/Schule/Universität/Arbeitsstätte.

Diagnose:

Sie sind wahrscheinlich eine unbeschreiblich schlechte Mutter.

Vorbeugung:
Machen Sie einfach alles richtig.

Gigantismus | lat.: parens colossus

Beschreibung:
Elterliches Gefühl, ein riesiger, klobiger, trampeliger Klotz zu sein

Mögliches Auftreten:
- Beim Gutenachtliedchensingen, während das Elternteil im kleinen Gitterbettchen liegt, das kleine Spielührchen anmacht und dem kleinen Kindchen und seinem kleinen Häschen ein kleines Küsschen gibt
- Auf dem Spielplatz, während das Elternteil im kleinen Sandkistchen hockt und mit kleinen Förmchen, kleinen Eimerchen und kleinen Schäufelchen kleine Küchlein backt
- Beim Kindergarten-Elternabend, während das Elternteil auf kleinen Stühlchen am kleinen Tischchen kleine Salzstängelchen aus kleinen Schüsselchen isst

Muss ich mir Sorgen machen?
Nur winzig kleine

Keine Sorge.
Gigantismus ist ungefährlich –
außer für das Stühlchen,
auf dem das Elternteil sitzt.

Größenwahn | lat.: mega maus

Beschreibung:

Vollkommen verschobene elterliche Relation

Mögliche Wahrnehmungen:

Urknall

Weltkriege

Mondlandung

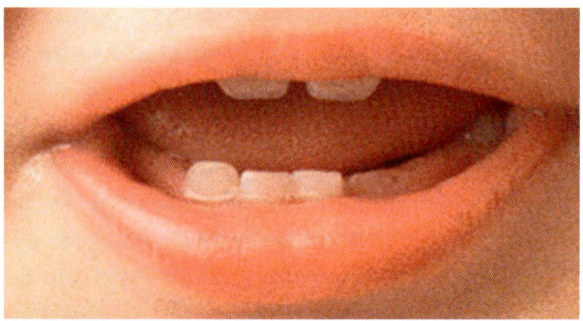

Max' erste Zähnchen

Klimakatastrophe

Gruppenzwang | lat.: cosa nostra

Beschreibung:
Mütterliches Einordnen in organisierte Gruppen

Erscheinungsformen:
Geburtsvorbereitungsgruppe, Babyyoga-Gruppe, Stillgruppe, Spielgruppe, Mutter-und-Kind-Turn-Gruppe, Krabbelgruppe, Rückbildungsgruppe, Erste-Hilfe-fürs-Kind-Gruppe, Beckenbodenstärkungs-Gruppe, PEKiP-Gruppe, Musikalische Früherziehungsgruppe, Mütterstammtisch, Japanisch für Mütter, Hausaufgabenbetreuungsgruppe, Mütter-Bastelgruppe

Häufige Begleiterscheinungen:
Eine Turnmatte, bequeme Kleidung, warme Socken, Reiswaffeln, Apfelsaftschorle oder Rooibos-Tee und natürlich weitere Mütter

Sehr, sehr seltene Erscheinungsform:
Gruppensex

Was können wir tun?
Gruppentherapie

> **Tipp:**
> ➜ Nutzen Sie die Gruppen-Spartarife für Fahrgemeinschaften.

Happy-Aua | neudeutsch: quality time

Beschreibung:
Schmerzliches Bemühen, intensive Zeit mit seinem Kind zu verbringen

Mögliche Symptome:
- Das Wegorganisieren schnöder Haushaltspflichten, um sich voll und ganz dem Kind zu widmen
- Das konsequente Ausschalten von Telefon, Handy, BlackBerry, Türglocke, Autosirene, Feueralarm, allem, was das Zusammensein von Elternteil und Kind stören könnte
- Das Einrichten von wertvollen Ritualen zwischen Elternteil und Kind, zum Beispiel gemeinsame Nahrungszubereitung, gemeinsames Basteln, gemeinsames Musizieren

Komplikationen:
- Das Kleinkind würde jetzt viel lieber »Olchi«-Kassetten hören.
- Das Schulkind würde jetzt viel lieber »Spongebob« gucken.
- Der Teenager würde jetzt viel lieber den unterm Bett versteckten Damenwäschekatalog studieren.

Folgen:
Das Kind hört »Olchi«-Kassetten, guckt »Spongebob«, studiert den Damenwäschekatalog, während das Elternteil Nahrung zubereitet, bastelt und dazu musiziert.

Harmoniesucht | lat.: familia sonnenschein

Beschreibung:
Elterlicher Versuch, in Anwesenheit der Kinder nicht zu streiten

Leichter Verlauf:
Mama und Papa streiten nicht, sie unterhalten sich nur.

Mittelschwerer Verlauf:
Mama und Papa streiten nicht, sie unterhalten sich nur und werfen sich dabei Schimpfworte und Beleidigungen an den Kopf.

Schwerer Verlauf:
Mama und Papa streiten sich nicht, sie unterhalten sich nur und werfen sich dabei Schimpfworte, Beleidigungen, Teller, Tassen, Messer, Gabeln, Löffel, Blumenvasen, Blumentöpfe, Schuhe, Stiefel, Bücher, CDs, Schallplatten, Hunde, Katzen, Vögel, Kaffeemaschinen, Mikrowellenherde, Fernseher, Waschmaschinen, Kühlschränke und Kleiderschränke an den Kopf.

Was kann ich tun?
- Ich-Botschaften an das andere Elternteil senden. Also nicht: »Du bist voll bescheuert!« Sondern: »Ich finde, du bist voll bescheuert!«
- Größere Konflikte nicht zwischen Tür und Angel austragen, sondern vor einem wichtigen Schultermin, Verwandtenbesuch oder der Sportschau
- Vor dem Zubettgehen immer vertragen! Die gemeinsame Wiederinstandsetzung der elterlichen Wohnung schafft Verbundenheit und Nähe und zeigt dem Kind, dass man Meinungsverschiedenheiten fair und vorbildlich beilegen kann.

Obacht:
Die Frage, wo das Kriegsbeil zu begraben ist, kann zu neuerlichen Meinungsverschiedenheiten führen.

Harvard-Syndrom | lat.: DSDS

Beschreibung:
Deutschland sucht die Super-Schule.

Die Erkrankung erfolgt in zwei fieberhaften Staffeln, zwischen denen die Symptome kurzzeitig abklingen:
- Staffel I: Vor dem Eintritt in die Grundschule
- Staffel II: Vor dem Eintritt in die weiterführende Schule

Mögliche Ursache:
Das PISA-Virus

Verlauf in Schüben:
- Intensive Schul-Castings und quälende Qualifikationsrunden, in denen LehrerInnen, DirektorInnen, HausmeisterInnen und Schulkioskbetreiberinnen ihre Talente und pädagogischen Konzepte unter Beweis stellen dürfen
- Anstrengende Tage der offenen Tür, sich dahinschleppende Informationsabende und sich anstauendes Infomaterial
- Zermürbende, von der Mutter moderierte Entscheidungsrunden folgen, in denen eine hochkarätige Jury aus kompetenten Bildungskoryphäen (auch »Eltern« genannt) die Einrichtung bewerten. Ausschlaggebend für die finale Entscheidung sind neben Fachkenntnis Schuhmarke, Haarschnitt und Konfektionsgröße des Lehrkörpers.
- Vorentscheidungsrunden, in denen die jeweils am schlechtesten plazierte Schule den Wettbewerb verlässt

Das große Finale:
Das Kind sucht sich zielsicher die bereits in der ersten Runde ausgeschiedene Schule aus, weil die den cooleren Bolzplatz hat.

Heimsuchung | lat.: barbarpapa, barbarmama, barbarkind

Beschreibung:
Tatenloses Zusehen, wie das eigene Kind die Umwelt aus den Angeln hebt

Typische Symptome:
- Gerührt sehen die Eltern zu, wie ihr putziges Kind mit lehmigen Händen, triefend nassen Gummistiefeln und der undichten Möhrensaftpulle über das gastgeberliche Wildledersofa robbt.
- Stolz sehen die Eltern zu, wie ihr aufgewecktes Kind im Restaurant die Echtantik-Tür auf- und zudonnert, mit dem Silberbesteck die Erkennungsmelodie von »Ritter Rost« auf den Tisch trommelt und mit den Füßen den Start eines Düsenflugzeugs simuliert.
- Begeistert sehen die Eltern zu, wie ihr geschicktes Kind auf der Nachmittagseinladung Kaugummi in die Ausgangsbuchsen des 3000-Euro-Plasma-Fernsehers spachtelt, die Vitrinenschlüssel in die Luftbefeuchter-Lamellen friemelt und die Rauhfasernoppen von der Tapete popelt.

Typische Reaktionen:
Keine

Verlauf:
Barbarisch

Im Anschluss an eine Heimsuchung müssen Gastgeber in der Regel mit dem völligen Wiederaufbau ihres Zuhauses rechnen.

Heimwerkelwut | lat.: obi wan kenobi

Beschreibung:

Da die Mutter für alles zuständig ist, was gut, gesund und richtig ist, reduziert sich der Aufgabenbereich des Vaters auf all das, was laut, stinkig und dreckig ist.

Ausprägungen väterlicher Heimwerkelwut:

Glühbirnen auswechseln, Lampen aufhängen, Bilder umhängen, Computer anschließen, Heizung entlüften, DVD-Player programmieren, Waschmaschine entflusen, Spülmaschine entkalken, Möbel aufbauen, Reifen flicken, Rohre säubern, Auto reparieren und überhaupt alles, was mit Leitern, Schraubenziehern und Bohrmaschinenlärm zu tun hat

Professionelle Beratung:

Jeden Samstag bei Max Bahr, Bauhaus, Carwash, Saturn, Raffay, Bosch-Kundencenter

Was kann die Mutter tun?

Leiter halten, Schrauben halten, Mund halten

Obacht:

Väterliche Heimwerkelwut kann bei Misslingen leicht zum Heimwerkelwutausbruch führen.

Erweisen Sie dem von Heimwerkelwut befallenen Vater stets Ehrfurcht und Bewunderung. Auch wenn es dafür keinen Grund gibt.

Helferlein-Syndrom | lat.: mama & co. kg

Beschreibung:
Elterliches Hinzuziehen imaginärer Kollegen, die bei der Bewältigung des erzieherischen Alltags unter die Arme greifen sollen

Auftreten:
Immer dann, wenn's brenzlig wird

Mögliche Erscheinungsformen:
- Karius & Baktus. Zwei mit Spitzhacken bewaffnete, angriffslustige Hilfsarbeiter, welche die Eltern davor bewahren, beim nächsten Kinder-Zahnarzttermin ausgeschimpft zu werden
- Die Schnullerfee. Befristete Arbeitskraft, die einmalig alle Schnuller im Haus einsammelt, um sie den kleinen Babys zu geben, und dafür den Hass des nun schnullerlosen und ungetrösteten Kleinkinds auf ihre Feenkappe nimmt
- Das Sandmännchen. Betagter Angestellter des Öffentlich-Rechtlichen, der Kindern abends Sand in die Augen streut, damit deren Eltern rechtzeitig um 20.15 Uhr vor dem Fernseher sitzen können

Was die Eltern selbst tun können:
Hände in den Schoß legen und die Unschuldsfee spielen

> **Risiken:**
> In absehbarer Zeit durchschauen die Kinder das Schmierentheater und revanchieren sich ihrerseits mit dem Hinzuziehen eigener imaginärer Kollegen, zum Beispiel dem Heiligen Geist, der immer die Gummibärchen aus der Süßigkeitenschublade klaut.

Hellsichtigkeit | lat.: mama cassandra

Beschreibung:
Seherische mütterliche Fähigkeiten

Mögliche Symptome:
Die Mutter weiß schon vor dem Kauf der neonfarbenen Supersoaker-Max-Infusion-Overload-Summer-Water-Pumpgun aus Polyethylen, dass die Düse in viereinhalb Minuten verstopfen wird, dass der Abzug unwiderruflich stecken bleiben wird, dass der Tank zu lecken beginnen wird, dass sich ein haarfeiner Riss durch den Corpus ziehen wird, dass das Kind sich daran den Finger blutig ritzen wird, dass es auf dem blutgetränkten Rücksitz des Ford-Ka-Fun-Leihwagens hysterisch brüllen wird, dass der überforderte Vater daraufhin den Wagen in die südspanische Leitplanke setzen wird, dass der spanische ADAC kein Wort der aufgeregt in Volkshochschul-Spanisch haspelnden Mutter verstehen wird, aber vorsichtshalber die Tatwaffe beschlagnahmen und die inzwischen aufgelöste Kleinfamilie in Handschellen der Provinzwache übergeben wird, wo nach einem kurzen Prozess und viele Tage später nur dank intensiven Engagements der deutschen Botschaft Vater, Mutter und Kind wieder auf freien Fuß gesetzt werden und den letzten Ferientag am wolkenverhangenen Strand verbringen können.

Verlauf:
Die Supersoaker-Max-Infusion-Overload-Summer-Water-Pumpgun hält drei Wochen lang wie eine Eins, am letzten Urlaubstag klemmt jedoch der Abzug leicht.

Reaktion:
Die Mutter sagt mit triumphierend hochgezogenen Augenbrauen: »Siehste, hab ich's doch gewusst!«

Herzinfarkt | lat.: super gau

Beschreibung:
Elterlicher Normalzustand

Muss ich mir Sorgen machen?
Unbedingt und andauernd!

Aussichten:
Kein Anlass zur Beruhigung

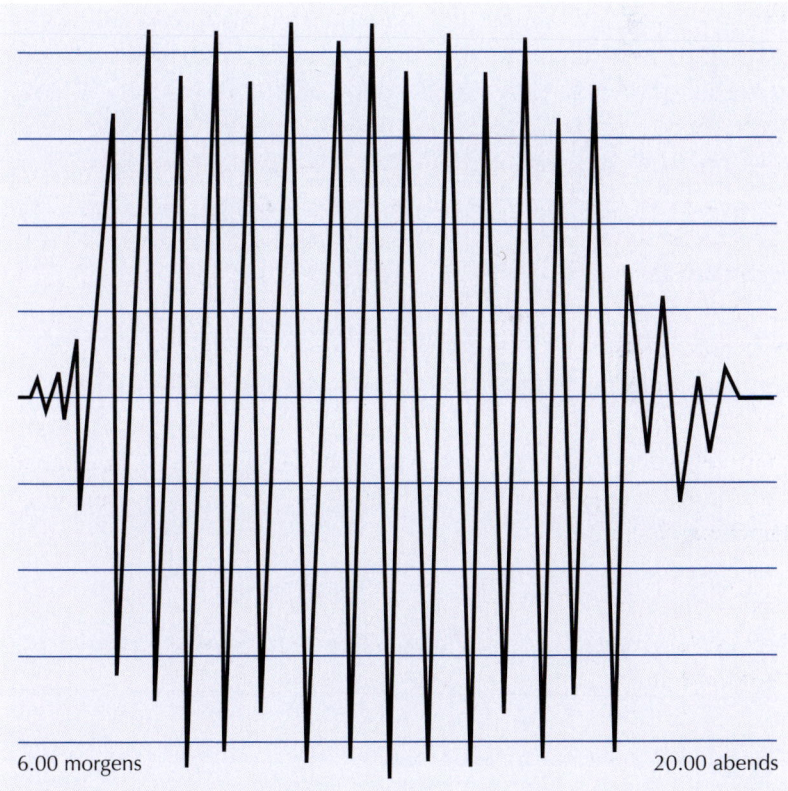

6.00 morgens   20.00 abends

Der Herzschlag eines gesunden Elternteils vom Aufstehen bis zum Zubettge-hen des Kindes.

Hip-atitis | lat.: parens modernus

Beschreibung:

Erkrankung bei jungen Eltern, die beweisen wollen, dass man mit Kind genauso sein kann wie früher: hip

Mögliche Formen:

Die Hip-atitis verläuft in unterschiedlichen Schweregraden.

Hip-atitis A:

Die Betroffenen tauchen bei jedem Rave, jeder Party, jeder lausigen Kneipentour auf – natürlich mit dem neuen Kind im neuen Bugaboo-Kinderwagen. Und demonstrieren damit: Wär doch gelacht! Tatsächlich wird aber weniger gelacht und eher viel geschaukelt, gewippt, getragen, gewickelt, gestillt. Während die Mutter an einer Bionade nippt und vorwurfsvolle Blicke zu ihrem Bier trinkenden, rauchenden, sich für eine Sekunde aus Versehen köstlich amüsierenden Mann wirft.

Hip-atitis B:

Die Erscheinungsform unterscheidet sich von der Hip-atitis A nur wenig, zusätzlich ist bei dieser Ausprägung jedoch die Kleidung der Erkrankten auffällig. So tragen sie anstelle normaler Wickeltaschen, bequemer Hosen und fester Schuhe Straußenleder-Birkin-Bag, weiße Röhrenjeans und Lackballerinas von Marc Jacobs.

Hip-atitis C:

Diese Form gleicht Hip-atitis A und B. Zusätzlich ist jedoch die komplette Wohnung befallen. Weiße Nappa-Leder-Sofas, Meißener Bodenvasen, cremefarbene, handgetuftete Schlingenteppiche säumen den Krabbelpfad des nutellaverschmierten Kindes.

Hochbegabungszwang | lat.: filius einsteinus

Beschreibung:
Der unerschütterliche Glaube der Eltern, dass das eigene Kind zu Höherem berufen ist

Symptome:
- Die betroffenen Eltern begründen jegliche Verfehlung oder Doofheit des Kindes mit seiner Hochbegabung.
- Sie füllen ihre Bücherregale bis zur Decke mit Literatur wie »Was ist Was«, »Kinder-Brockhaus«, »Kinder-Uni« und »Kluge Kinder«.
- Sie melden ihr Dreijähriges in Chinesisch-, Archäologie- und Programmierungskursen an.
- Sie nehmen eine Halbtagsstelle an, um genug Zeit für die persönliche Begleitung der Hausaufgaben und der Förderkurse ihres Nachwuchses zu haben.

Heilung:
Wenn das Kind mit 42 Jahren nach 37 Semestern Deutsch auf Lehramt eine Stelle als Hausmeister gefunden und ein uneheliches Kind mit der Serviererin vom Café Kaktus gezeugt hat, legt sich die elterliche Euphorie oder entlädt sich im Anzeigen von Parksündern und Beschimpfen ihres Zivildienstleistenden.

Von Hochbegabungszwang befallene Eltern wittern überall Genialität.

Hörsturz | lat.: tinnitus finitus

Beschreibung:
Das erlösende Ende chronischer Ohrenfolter

Mögliche Ursachen:
- Die Anwesenheit eines durchschnittlich lauten Kindes – also eines Kindes mit der Tonlage von Oskar Matzerath
- Die Anwesenheit mehr als eines Kindes (Faustregel: Zwei sich unterhaltende Kinder klingen wie ein Kindergeburtstag, drei wie die Love Parade, vier wie die startende Apollo 17)
- Der alltägliche Klangmix aus verschiedenen gleichzeitig in Betrieb genommenen Kinderspielzeugen: Bohrmaschine, Spielzeughandy, Krankenwagen, Carrerabahn, PlayStation, Kinderkassettenrekorder, Laserschwerter, Pistolen
- Die laut von Kindergeschrei hallenden Örtlichkeiten, an denen man sich als Elternteil unvermutet wiederfindet: im Indoor-Spielplatz, auf der Kartbahn, in der Soccerworld, auf der Bowlingbahn, im Taka-Tuka-Spaßhallenbad

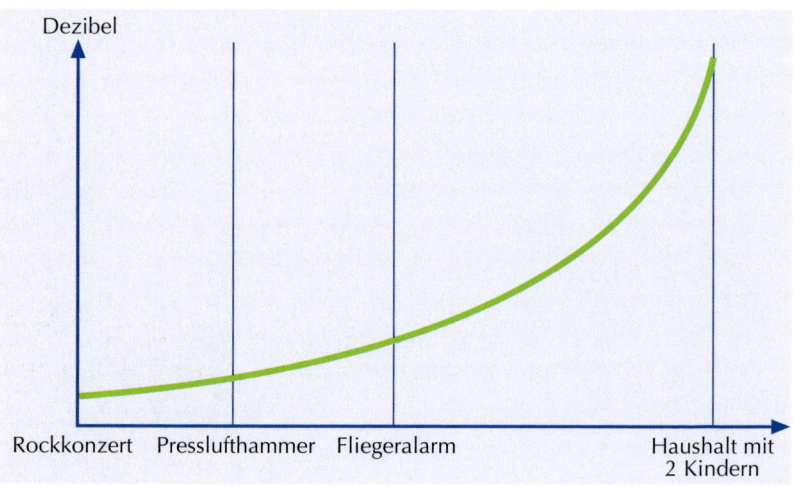

Chancen:
Je nach Schweregrad kann der Hörsturz im günstigsten Fall zur völligen Gehörlosigkeit führen.

Hundephobie | lat.: fifi hasso

Beschreibung:
Gefühl der Intoleranz

Mögliche Symptome:
- Leichte Gereiztheit über den Rauhhaardackel, der sein großes Geschäftchen just in der Sandkiste des Kinderspielplatzes verrichtet, in der Paula ihren Sandkuchen backt
- Anfängliche Unsicherheit, wenn eine fremde Dänische Dogge in überbordender Fröhlichkeit die bratpfannengroßen Pranken auf die Schultern des verblüfften zweijährigen Max legt
- Milde Irritation, wenn ein nasser Bobtail aus den Fluten steigt und sich genau neben dem eigenen Badehandtuch, auf dem Annabelle einen Mittagsschlaf macht, trocken schüttelt

Keine Sorge:
Der Hund will nur spielen/beißen/reißen/kacken/pullern/sabbern/haaren.

Dada!   *Wauwau!*

Hyperaktivität | lat.: mama to do

Beschreibung:
Verhaltensstörung, die vorwiegend Mütter schleichend nach der hormonellen Wochenbetteuphorie befällt

Mögliche Symptome:
- Angeschwollene To-do-Listen
- Emsiges Erledigen von mindestens fünf Tätigkeiten auf einmal: Gefrierfach abtauen, stillen, Roman schreiben, Friseurtermin vereinbaren, Hefezopf backen

Mögliche Ursachen:
Vollkommen unergründetes Phänomen

Begleitkrankheiten:
Wahnwitzige, an Borderline grenzende Organisierwut geht meist einher mit an Borderline grenzender Vorwurfshaltung dem untätigen Mann gegenüber.

> **Was kann ich tun?**
> Mehr! Mehr! Mehr!

Hypermotorik | lat.: hin, her, her, hin

Beschreibung:
Erhöhtes, mütterliches Kilometerfressen

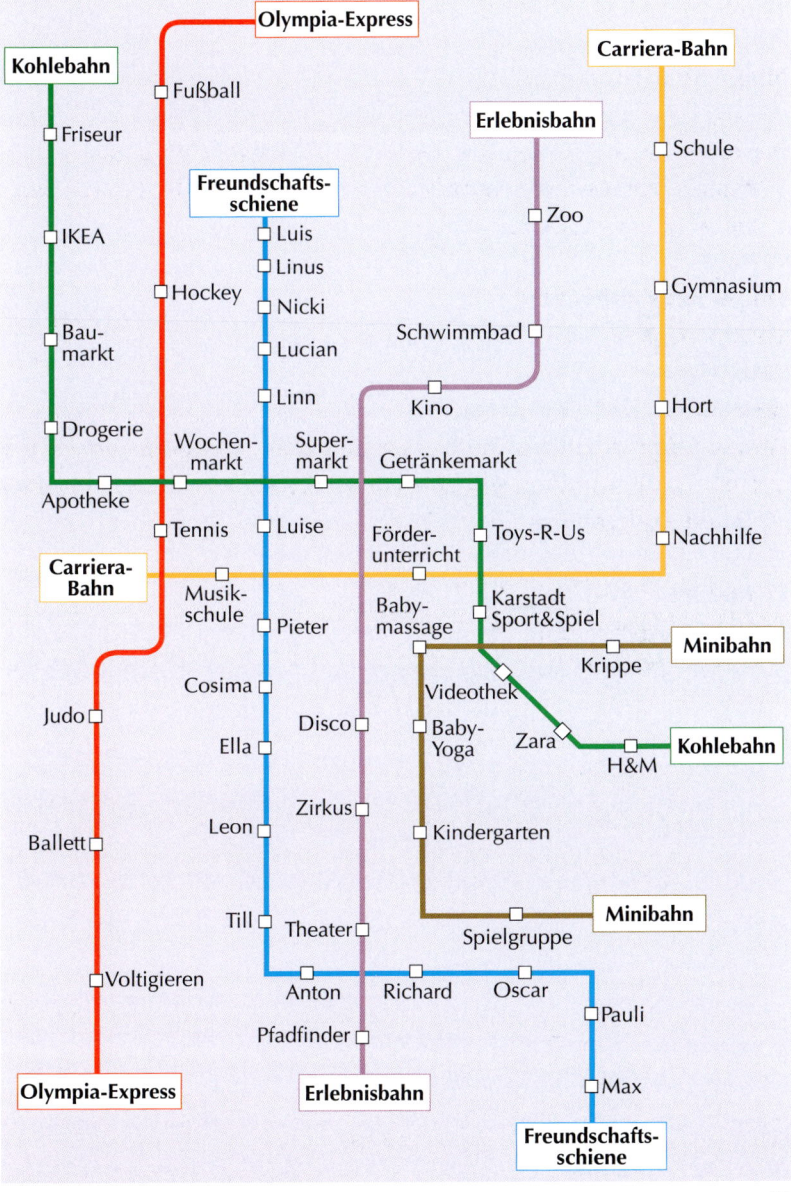

Hypo-hypo-hypo-hypochondrie | lat.: alaaaarm alaaaarm

Beschreibung:
Elterliche Sorge um die Gesundheit ihrer Kinder

Mögliche Symptome:
Alle

Befund:
Sicher steckt eine schlimme Krankheit dahinter.

Verlauf:
Wahrscheinlich tödlich

Bestätigung:
Bei Medline.de, Netdoktor.de, EmergencyRoom.com, Intensivmedizin.de, GesundheitPro.de, doctor-online.com, medicine-worldwide.com, meine-gesundheit.de, Gesundheit.de, KidsHealth.com, Kinderkrankheiten.de, Mednet.de, medknowledge.de

Reaktion:
Alarmieren der gesamten Verwandtschaft, Bekanntschaft und Kollegenschaft, Kontaktieren der Chefärzte auf der Intensivstation des örtlichen Krankenhauses, Alarmieren aller Notrufwagen, Feuerwehrleute, Polizeikräfte im Umkreis

**Alarmstufe:
Dunkelrot!!**

(Wissen Sie eigentlich, wie viele gefährliche Viren und Bakterien sich alleine auf dieser Buchseite befinden?)

Intimbereichs-Verlust | lat.: big brother

Beschreibung:
Schmerzhaftes Aufgeben aller im Grundgesetz verankerten Rechte auf Privatleben

Betroffene Gebiete:
- Im Badezimmer, in dem früher in herrlicher Abgeschiedenheit Nasenhaare gestutzt, Hornhaut geraspelt und Zungen geschabt wurden, sind jetzt nur noch Gruppenaufenthalte möglich. Während die Mutter sich die Bikinizone wachst, poltert der Vater mit dem randvollen Windeleimer durchs Bad, scheuert das Kindergartenkind die Toilettenschüssel mit der Haarbürste, balanciert die Zwölfjährige auf dem Badewannenrand, um ihre neuen Jeans im Spiegel zu begutachten, erbricht das Vorschulkind den gesamten Inhalt seiner Süßigkeitenkiste auf den Badvorleger, kräht das Übernachtungskind nach seiner Colgate Junior.
- Im Schlafzimmer, in dem früher in herrlicher Abgeschiedenheit kopuliert, meditiert und ausdiskutiert wurde, verkeilen sich nun Kindergeburtstagsgäste unterm Lattenrost, werden dreistöckige Höhlen aus den elterlichen Plumeaus geknotet, untersuchen Sohn und Nachbarskind interessiert den Pussy-Pearl-Intense-Orgasm-Superwet-Jelly-Vibrator der Mutter.
- Im Arbeitszimmer, in dem früher in herrlicher Abgeschiedenheit getippt, gedruckt und kopiert wurde, verklebt das Kindergartenkind Schubladen, Computertastatur und Schrankschlösser flächendeckend mit Tesafilm, verbarrikadiert sich die weinende Tochter bei Endlostelefonaten mit der besten Freundin, surft der Vorpubertierende bei www.arschficken.de vorbei.

Muss ich ins Krankenhaus?
Au ja! Wir kommen alle mit!

Jammeritis | lat.: arma mater

Beschreibung:
Mütterliches Schicksalsdrama, in dem die Hauptdarstellerin trotz widrigster Umstände Übermenschliches leistet

Widrigste Umstände:
- Lebensgemeinschaft mit Kind
- Lebensgemeinschaft mit mehreren Kindern
- Alleinerziehend mit Kind
- Alleinerziehend mit mehreren Kindern
- Verheiratet, Job und Kind
- Verheiratet, Job und mehrere Kinder
- Lebensgemeinschaft, Job und Kind
- Lebensgemeinschaft, Job und mehrere Kinder
- Mann in Elternzeit, Job und Kind
- Mann in Elternzeit, Job und mehrere Kinder
- Alleinerziehend, Job und Kind
- Alleinerziehend, Job und mehrere Kinder
- Verheiratet, Job, Kind und Krippe/Kindergarten/Hort
- Verheiratet, Job, mehrere Kinder und Krippe/Kindergarten/Hort
- Lebensgemeinschaft, Job, Kind und Krippe/Kindergarten/Hort
- Lebensgemeinschaft, Job, mehrere Kinder und Krippe/Kindergarten/Hort
- Mann in Elternzeit, Job, Kind und Krippe/Kindergarten/Hort
- Mann in Elternzeit, Job, mehrere Kinder und Krippe/Kindergarten/Hort
- Alleinerziehend, Job, Kind und Krippe/Kindergarten/Hort
- Alleinerziehend, Job, mehrere Kinder und Krippe/Kindergarten/Hort
- Verheiratet, Job, Kind und Tagesmutter
- Verheiratet, Job, mehrere Kinder und Tagesmutter
- Lebensgemeinschaft, Job, Kind und Tagesmutter
- Lebensgemeinschaft, Job, mehrere Kinder und Tagesmutter
- Mann in Elternzeit, Job, Kind und Tagesmutter
- Mann in Elternzeit, Job, mehrere Kinder und Tagesmutter

- Alleinerziehend, Job, Kind und Tagesmutter
- Alleinerziehend, Job, mehrere Kinder und Tagesmutter
- Verheiratet, Mann in Elternzeit, Job, Kind und Tagesmutter/Aupair/Babysitter/Haushaltshilfe/Gärtner/Chauffeur/Dienstmädchen/Butler
- Verheiratet, Mann in Elternzeit, Job, mehrere Kinder und Tagesmutter/Aupair/Babysitter/Haushaltshilfe/Gärtner/Chauffeur/Dienstmädchen/Butler
- Lebensgemeinschaft, Mann in Elternzeit, Job, Kind, Tagesmutter/Aupair/Babysitter/Haushaltshilfe/Gärtner/Chauffeur/Dienstmädchen/Butler
- Lebensgemeinschaft, Mann in Elternzeit, Job, mehrere Kinder, Tagesmutter/Aupair/Babysitter/Haushaltshilfe/Gärtner/Chauffeur/Dienstmädchen/Butler
- Alleinerziehend, Job, Kind, Tagesmutter/Aupair/Babysitter/Haushaltshilfe/Gärtner/Chauffeur/Dienstmädchen/Butler
- Alleinerziehend, Job, mehrere Kinder und Tagesmutter/Aupair/Babysitter/Haushaltshilfe/Gärtner/Chauffeur/Dienstmädchen/Butler
- Alleinerziehend, Job, Kind, Tagesmutter/Aupair/Babysitter/Haushaltshilfe/Gärtner/Chauffeur/Dienstmädchen/Butler
- Alleinerziehend, Job, mehrere Kinder und Tagesmutter/Aupair/Babysitter/Haushaltshilfe/Gärtner/Chauffeur/Dienstmädchen/Butler

Diagnose:
So schwer hat's niemand.

Verlauf:
Beklagenswert

Jugenderinnerung | lat.: la boum

Beschreibung:
Elterliche Sehnsucht nach einem früheren Leben

Mögliche Auslöser:
Musikkassetten, Filme, Tagebücher, Fotos und Briefe aus der Zeit, als das Elternteil noch keine Kinder hatte

Symptome:
Zweifel an Lebensform, Lebensweg und Lebenspartner

Verlauf:
- Das Elternteil macht ehemalige Lebenspartner ausfindig und fragt beiläufig: »Na, wie geht's so?«
- Das Elternteil macht ehemalige Liebhaber ausfindig und fragt beiläufig: »Na, wie geht's so?«
- Das Elternteil macht ehemalige One-Night-Stands ausfindig und fragt beiläufig: »Na, wie geht's so?«
- Das Elternteil macht ehemalige Schulfreunde ausfindig und fragt beiläufig: »Na, wie geht's so?«
- Das Elternteil macht ein Date mit einem Sandkastenfreund aus Kleinkindertagen klar.

Folgen:
Das Elternteil erhält ein sexuelles Angebot, lehnt dieses aber verantwortungsbewusst und treu ab.

Folgender Abend:
Das Elternteil erhält ein sexuelles Angebot und nimmt dieses nach einem Glas billigem Wein dankbar an.

Jugendwahn | lat.: daddy cool

Beschreibung:
Zwanghaftes Bedürfnis, vom Kind und dessen Freunden als Kumpel
akzeptiert werden zu wollen

Mögliche Symptome:
- Das Elternteil lädt sich die neueste MP3-Musik illegal aus dem
  Netz, kennt alle aktuellen Blogs und weiß zumindest theoretisch,
  wie man in der Halfpipe ein Three-sixty skatet.
- Die elterliche Sprache ist gespickt mit Ausdrücken wie »krass«,
  »mies« und »geil«, diese werden jedoch in der Regel falsch einge-
  setzt.
- Das Elternteil verbietet nie etwas und findet alles »okay, wenn es für
  dich auch okay ist«.
- Das Elternteil trägt eine ungekämmte Frisur oder Glatze, Jeans und
  Skater-Schuhe, die kein Jugendlicher sich leisten könnte.
- Das Elternteil wird nicht müde zu erzählen, dass es was mit Wer-
  bung, PR oder Marketing macht.
- Das Elternteil lungert auf jeder Schulveranstaltung bei den nichtrau-
  chenden Freunden seines Kindes herum und fragt stets wichtigtuerisch zwinkernd, ob jemand »was« zu rauchen dabeihat.

Entwicklung:
Keine

Kinderkanal | lat.: mini c.i.a.

Beschreibung:
Unterhaltsame Sendung, in der das elterliche Privatleben gnadenlos an die Öffentlichkeit gezerrt wird

Mögliche Symptome:
- Das Kleinkind beschreibt der interessiert lauschenden Babysitterin detailgenau das väterliche Genital.
- Das Kindergartenkind referiert im montagmorgendlichen Erzählkreis über den letzten Elternstreit, der daraufhin dominierendes Vormittagsthema in der Buntspechtgruppe ist.
- Das Schulkind schildert in der Schulzeitschrift den spannendsten Tag der Ferien: »Der Tag, an dem Mama und Papa den Steuerprüfer übers Ohr hauten«.

Verlauf:
Alles wird gründlich gelüftet und aufgedeckt.

Ist es harmlos?
Ja. Da die Eltern in der Regel niemals erfahren, was die freundlich lächelnden Erzieher Annett, Jörg, Karin und Tine alles über sie wissen, verspüren sie keinerlei Schmerzen.

Kloß im Hals | lat.: baby blues

Beschreibung:
Beim Anblick des eigenen Kindes von übermächtig starker Rührung übermannt werden

Mögliche Auslöser:
- Das Kind hat seinen ersten Kindergartentag/Schultag/Universitätstag.
- Das Kind überquert die Straße im Gänsemarsch mit seiner Kindergartengruppe.
- Das Kind steigt mit seinem kleinen Rucksack in den riesigen Klassenfahrtbus.
- Das Kind trägt dem Weihnachtsmann mit stockender Stimme und roten Bäckchen ein Gedicht vor.
- Das Kind absolviert ein Triangelsolo auf der wackeligen Bühne des Jugendmusikschul-Weihnachtskonzerts.

Symptome:
- Schluckbeschwerden
- Herzbrennen
- Geschwollenes Herz
- Verschwommene Sicht
- Heiße Ohren
- Wackelige Stimme, die im völligen Stimmversagen des Elternteils gipfelt

Auftreten:
Nah am Wasser

Vermeiden:
Angesprochen werden

Klugscheißer | lat.: mama summa cum laude

Beschreibung:

Ausbildung der Mutter zur Koryphäe auf unzähligen Fachgebieten

Fachgebiete:

- Ernährungswissenschaft (Masterstudiengang mit Schwerpunkt Vitamin C und Demeter-Sortiment; Aufbaustudium: Verdauung, Stoffwechsel, Töpfchengang des Kindes)
- Naturwissenschaft (Feldstudien, Grünanlagenstudien, Spielplatzstudien, Matsch- und Moraststudien)
- Schlafforschung (verzweifeltes Studium des kindlichen Einschlaf-, Durchschlaf- und Wiederaufwachverhaltens)
- Textilwissenschaft (Erforschung von Kinderkleidung bezüglich Funktion, Qualität und lustiger Aufdrucke; ausgedehnte Recherchen bei H&M)
- Sportwissenschaft (Fernstudium von der Zuschauertribüne aus in schnell wechselnden Disziplinen: Fußball, Ballett, Hockey, Leichtathletik, Rodeln, Inline, Judo, Tennis, Schwimmen)
- Küchenpsychologie (Spezialgebiete »Eigene und andere Kinder«, »Eigene und andere Ehemänner« und »Andere Mütter«)

Spätfolge:

Die Mutter promoviert, habilitiert und nimmt eine Professorinnenstelle im Fachgebiet »Allgemeine Besserwissenschaft« an (siehe auch: Missionarsdrang).

Kniefall | lat.: laudamus marianne

Beschreibung:
Heftig aufflammendes Dankbarkeitsgefühl gegenüber der Tagesmutter

Mögliche Ausdrucksform:
Tagesmutter unsere, geheiligt werde dein Name.
Dein Reich komme, dein Wille geschehe,
wie im Kinderzimmer, so in der Küche, so im Bad, so im ganzen
Haus, so im Garten, so auf dem Spielplatz, so auf dem Schulweg,
so überall auf Erden.
Unsere täglichen Fischstäbchen mit Kartoffelpüree, Pfannkuchen mit
Apfelmus oder Reispfanne gib uns heute.
Und vergib uns unsere Überstunden,
wie auch wir vergeben dir einfach alles.
Und bringe uns nicht in Teufels Küche,
sondern erlöse uns von dem schlechten Gewissen.
Denn dein sind der Spielplatznachmittag,
der Kindergartenschluss, die Hausaufgabenkontrolle,
das Fußballtraining, der Bastelnachmittag, der Eisdielenbesuch,
die Schulfreitage und
die Dankbarkeit in Ewigkeit.
Amen.

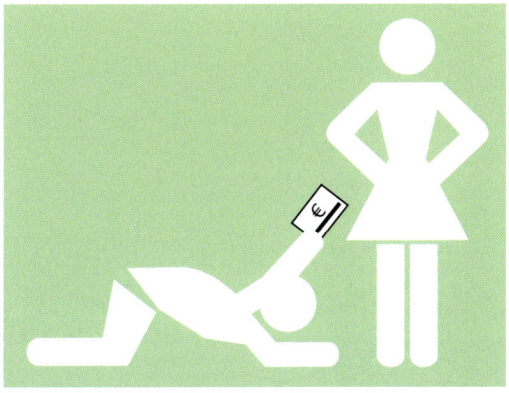

Typische Körperhaltung eines von Kniefall infizierten Elternteils

Kommunikationsstörungen | lat.: E.I.S.

Beschreibung:

Der meist fruchtlose Versuch von Eltern, über die Köpfe ihrer neugierig lauschenden Kinder hinweg ein Gespräch unter Erwachsenen zu führen oder Geheimnisse auszutauschen

Mögliche Anlässe:

- Die Eltern wollen über einen möglichen Besuch im Eissalon oder bei McDonald's beratschlagen, bevor die tosenden Freudenschreie der Kinder einen Rückzieher unmöglich machen.
- Die Eltern führen am familiären Frühstückstisch ein hochemotionales Beziehungsgespräch, dessen Details nicht jugendfrei sind.
- Die Eltern möchten ausschweifend über den besten Freund des Kindes / die Eltern des besten Freundes des Kindes / die Klassenlehrerin des Kindes herziehen.

Mögliche Symptome:

- Die Eltern beginnen plötzlich, in übertrieben deutlich und langsam ausgesprochenen Einzelbuchstaben zu kommunizieren (E.I.S.!).
- Jeder Satz der Eltern wird pantomimisch ausdrucksstark begleitet: mit Augenrollen, Stirnrunzeln, hervortretenden Adern und wilden Handbewegungen.
- Die Eltern versuchen, auf Fremdsprachen auszuweichen, scheitern jedoch spätestens am Past Perfect.

Verlauf:

Natürlich versteht das angesprochene Elternteil wieder mal überhaupt nicht, was gemeint ist, dafür aber das Kind, das ausruft: »Au ja, lecker! E.I.S.!« Oder: »Warum ist Papas Sekretärin eine blonde Schlampe?« Oder: »Ich finde aber gar nicht, dass der Max eine Steckdosennase hat!«

Kosenamenverhärtung | lat.: schnuffi putzi

Beschreibung:
Das eiserne elterliche Festhalten an Kosenamen, die sie ihrem Kind mit in die Wiege gaben

Mögliche Komplikationen:
- Kackilein kommt in den Kindergarten.
- Mausebär kommt in die Schule.
- Moppelchen ist nun leitender Angestellter eines großen internationalen Konzerns.

Begleiterscheinungen:
In manchen Fällen greift diese hartnäckige Krankheit auch auf die Eltern über, die sich gegenseitig in der Verniedlichungsform ansprechen (Mämmchen, Päppchen).

Reaktionen:
Ungewollte Heiterkeit und Lachanfälle

Verlauf:
Niedlich

Moppelchen und Kackilein nach einer erfolgreichen Verhandlung

Lächelkrampf | lat.: parens solidarnosc

Beschreibung:

Überbordende elterliche Freundlichkeit in Gesellschaft anderer Eltern

Mögliche Symptome:

- Festgefrorenes Grinsen
- Mundwinkel- und Wangenschmerzen
- Gleichbleibend heitere Stimme, auch in prekären Situationen: »Max, magst du mal aufhören, der Anna mit dem Metallbagger auf den Kopf zu hauen?«

Begleiterscheinungen:

- Fremden Kindern unaufgefordert über den Kopf streicheln
- Fremde Mütter mit Salzstangen, Feuchttüchern, Mineralwasser, Rescue-Remedy-Bachblüten-Tropfen versorgen
- Fremden Vätern verständnisvoll zulächeln, während ihr Nachwuchs einem vor die namenlosen Gesundheitssandalen pullert

Was kann ich tun?

Unterdrücken Sie jegliche Aggressionen, verwerfen Sie den plötzlichen Wunsch nach Waffengewalt.

Nicht vergessen:
Piep, piep, piep, wir haben uns alle lieb.

Läuseschock | lat.: apokalypse now

Beschreibung:
Spontan auftretender mütterlicher Wasch- und Desinfektionszwang

Symptome:
In der heimischen Wohnung herrscht Alarmstufe 3. Kleidungsstücke, Decken, Kissen, Stofftiere, Teppiche und Menschen werden in die Gefriertruhe gesteckt, in Mülltüten verpackt, bei 570 Grad gekocht und tagelang in ätzenden Flüssigkeiten eingeweicht.

Weitere Symptome:
- Stundenlanges Wühlen, Durchkämmen und Mikroskopieren der Kopfhaut des Vaters, der Kinder, der Babysitterin, des Briefträgers, des Klempners und aller Haustiere
- Unerträgliche Gereiztheit der Mutter, die bei kleinstem Anlass zu tödlichen Wutausbrüchen führen kann

Auslöser:
Eine befreundete Mutter hat gehört, dass eine andere Mutter gesagt habe, dass ein Schüler in der Parallelklasse vor zwei Tagen schwarze kleine Punkte im Haaransatz gehabt habe.

> **Behandlung:**
> Ruhe bewahren, der Mutter aus dem Weg gehen. Niemals vor ihren Augen am Kopf kratzen!

Verlauf:
Wenn die Mutter das Haus bis auf die Grundmauern auseinandergenommen und wieder neu zusammengesetzt hat, kehrt sie im Allgemeinen zu ihrem normalen Verhalten zurück.

Weiterer Verlauf:
Nach zwei Wochen tritt in der Regel erneuter Läusealarm auf.

Oh Gott! Was ist das?

Legionärskrankheit | lat.: zackzack

Beschreibung:
Die Mutation von liebenswerter, zärtlicher, humorvoller, lockerer, lebenslustiger Frau zum Oberfeldwebel

Mögliche Symptome:
- Ab Geburt des Kindes finden häusliche Gespräche zunehmend in mütterlichem Kommandoton statt, dem seitens der Legionäre (Vater und Kinder) unbedingt Folge zu leisten ist, da ansonsten tödliche Vorwurfs-Salven drohen.
- Wünsche werden in Form von Schimpfkanonaden und mit scharfer Munition (Hopp hopp, dalli dalli, aber ein bisschen plötzlich!) aus der Pistole geschossen.
- Morgendliche Krisenherde weiten sich bei falscher Behandlung bis Mittag zu kleineren Gefechten und bis Abend zum Weltkrieg aus.
- Beim Vater werden Erinnerungen an die Grundausbildung bei der Bundeswehr wach. Unterschied: keine Wochenendheimfahrten, keine Spindfotos, kein Sex auf den Zimmern.

Folgen:
Regelmäßige Märsche: Marsch ins Bett, Marsch in die Schule, Marsch zum Supermarkt, Marsch zum Getränkehandel

Spätfolgen:
Marsch zur Paartherapie!

Risiken:
Wenn der nichtrauchende Vater mit einem Mal »nur mal zum Zigarettenholen geht« oder der gänzlich unsportliche Vater plötzlich mit dem Joggen/Radfahren/Muskelsport beginnt, kündigt sich mit ziemlicher Wahrscheinlichkeit eine ernst zu nehmende Fahnenflucht an.

Lehrkörper | lat.: lempel paedagogicus

Beschreibung:
Auslöser einer Vielzahl von elterlichen Allergien

Mögliche Ursachen:
- Eine völlig unangemessene Drei in Mathe
- Unzumutbare Forderungen an das eigene Kind, zum Beispiel Hausaufgaben, ein vierzeiliges Gedicht auswendig lernen oder Fegedienst
- Unzumutbare Forderungen an die Eltern, zum Beispiel an vier Abenden im Jahr in einem überhitzten Klassenraum auf kleinen Holzstühlen sitzen, an warmer Apfelsaftschorle und Salzstangen mümmeln und über die Beschaffenheit der Hausschuhe, das Buffet fürs anstehende Sommerfest, die Blockflötenfrage und die Beschriftung der Turnbeutel zu diskutieren

Tiefer liegende Ursache:
Neid. Denn im Gegensatz zum Elternkörper hat der Lehrkörper zwölf Wochen Urlaub im Jahr, ab Punkt 13.01 Uhr Feierabend, den Beamtenstatus und immer recht.

Behandlung:
Nach Lehrplan

Heilung:
Abi 2014

Lernschwierigkeiten | lat.: hö?

Beschreibung:
Elterliche Unfähigkeit zur fachgemäßen Hausaufgabenkontrolle

Auftreten:
- Etwa ab Grundschulklasse drei des Kindes

Verlauf:
- Die anfangs zur Schau getragene, beinahe staatsmännische Souveränität der Eltern beim Kontrollieren der kindlichen Hausaufgaben weicht schon bald ersten Unsicherheiten.
- Nach außen gelassen, im Inneren fieberhaft Zahlenkolonnen addierend, verlieren die Eltern schon phasenweise die Fassung.
- Im späteren Verlauf können die Eltern ihre eklatanten Bildungslücken nicht mehr kaschieren. Völlige Hilflosigkeit und Unfähigkeit, mit den Wissensanforderungen des eigenen Kindes Schritt zu halten, treten zutage und führen im schlimmsten Fall zur Erklärungsnot. (Dieses Stadium wird etwa ab dem Lernen der Binomischen Formel und der Erklärung der Photosynthese erreicht.)

Folgen:
Mangelhaft bis unbefriedigend

Chance:
Google, Wikipedia, Die-Sendung-mit-der-Maus-Seite

*Für Eltern mit Lernschwierigkeiten
ein Buch mit sieben Siegeln*

Liebestollheit | lat.: bussi bussi

Beschreibung:
Drang, das eigene Kind unentwegt zu herzen

Mögliche Auslöser:
- Der Anblick der zarten, kindlichen Lippen
- Der Anblick der winzigen, kindlichen Füßchen
- Der Anblick des flaumigen, kindlichen Nackens

*Abgewiesene Liebestollheit führt
zu Übersprungshandlungen*

Reaktionen:
Das Elternteil wird von Zärtlichkeitshormonen überschüttet, die es reflexartig am Kind entladen muss.

Folgen:
- Das Elternteil nutzt jeden billigen Anlass (das Kind hat Aua, das Kind hat eine Fünf in Mathe, das Kind möchte Hilfe beim Schuhebinden) zum unaufgeforderten Austeilen von Küssen und Streicheleinheiten.
- Das Elternteil nutzt außerdem jede Abwehrschwäche des Kindes (weil das Kind schläft, weil es Fernsehen schaut, weil es hohes Fieber hat), um das Kind mit elterlichen Liebesbekundungen zu überfluten.

Heilung:
Spätestens, wenn die zarten, kindlichen Lippen von präpubertären Barthaaren gesäumt sind, die winzigen, kindlichen Füßchen zu brotlaibgroßen Pumas herangewachsen sind, der flaumige, kindliche Nacken mit Wet Gel verklebt ist und am Kinderzimmer ein Totenkopf-Aufkleber mit der Aufschrift »Eltern verboten« prangt

Missionarsdrang | lat.: mama bin laden

Beschreibung:
Mütterliche Unfähigkeit, irgendeinen anderen Erziehungsstil als den eigenen zu tolerieren

Symptome:
Ununterbrochenes Absondern von Senf

Entzündungsherde:
Impfung, Fremdbetreuung, Comics, Gelatine, Aufessen, Cola, Religion, Farbstoff, Bio-Obst, Abstillen, Zufüttern, Laufstall, Bitte und Danke, Ferienziele, Einschlafrituale, Nachtisch, Spongebob, Game Boy, Markenkleidung, Ketchup, Taschengeld, Sauberkeitserziehung, Hauen, Kindergartenwahl, Schulwahl, Tagesmutterwahl, Babysitterwahl, Verwöhnen, Geschenke, Frischluft, Hausaufgaben, Noten, McDonald's, Fluor, Paracetamol, Antibiotika, Bachblüten, Globuli, Grenzen, Konsequenz, Schnuller, Daumen, Handy, Nutella, Sonnenschutz, Salz, Freizeitgestaltung, Messer und Gabel, Zucker, Stützräder, Apfelsaft-Babyfläschchen

Auslöser:
Andere Mütter

Heilung:
Allmähliches Abebben des missionarischen Eifers mit Heranwachsen des Kindes

> **Rückfallrisiko:**
> Erneutes Aufflammen der Besserwisserei mit der Geburt des ersten Enkelkindes

Mitesser | lat.: papa la papp

Beschreibung:
Chronische Reste-Essen-Zufuhr vom Kinderteller

Symptome:
Was immer das Kind nicht mag, Papa oder Mama kriegen's noch rein: die Pfefferränder von den Salamischeiben, das Weiße vom Ei, die Rosinen aus dem Müsli, das Gemüse aus dem Gemüseeintopf, die Kapern aus den Spaghetti, die Tomaten aus dem Salat, das Grüne von der Pizza, die Haut vom Pudding, das Fett vom Fleisch, das Verbrannte vom Toast.

Diagnose:
• Da waren die Augen mal wieder kleiner als der Mund.

Folge:
➜ Massives elterliches Übergewicht

Mitfiebern | lat.: toi toi toi

Beschreibung:
Nervöses elterliches Fieber, das bei jeder Prüfung des Kindes aufflammt

Mögliche Ausdrucksformen:
- Du schaffst das, mein Spatz!

Fieberphantasien:
- Der Vierjährige macht trotz intensiven Ohne-Windel-Training ins Herbergsbett der Kindergarten-Freizeit, wird daraufhin ausgelacht und muss fortan als menschenscheuer Nerd seine einsamen Abende vor www.friendster.com verbringen.
- Die Sechsjährige schafft beim Anfänger-Skikurs als Einziger das Seitwärts-Bergaufsteigen nicht, darf daraufhin nicht aufs Laufband und muss zwei Urlaubswochen lang am Pistenrand zuschauen, wie alle anderen Kinder im Salto über die Sprungschanze brettern.
- Der Neunjährige kriegt als Einziger eine Drei minus im Diktat, bekommt daraufhin die Gymnasialempfehlung nicht, muss deshalb die vorbestimmte Karriere als internationaler Bestsellerautor aufgeben und Maurer oder Klofrau werden.

Mögliche Begleiterscheinungen:
- Aufmunterndes Zureden bis zur Heiserkeit
- Daumen drücken
- Finger kreuzen
- Luft anhalten

Endgültige Heilung:
Erst wenn das Kind Bestsellerautor ist, der ohne Windeln rückwärts im Salto über die Skischanze brettert

Elterliches Mitfiebern kann nicht mehr an normalen Temperaturen gemessen werden.

Münchhausen-Syndrom | lat.: parens pinocchio

Beschreibung:
Dem eigenen Kind Lügen auftischen, dass sich die Balken biegen

Mögliche Ausdrucksformen:
- Von rohem Teig bekommt man Bauchweh.
- Zu viel Fernsehen macht viereckige Augen.
- Nase hochziehen verklebt das Gehirn.
- Butschi ist jetzt im Tierhimmel.
- Wenn du die Schuhe falsch rum anziehst, kriegst du Bananenfüße.
- Von zu viel Süßigkeiten kriegst du Würmer im Bauch.
- Wenn du so viele Grimassen schneidest, bleibt dein Gesicht irgendwann so stehen.
- Der Klügere gibt nach.
- Beim Fssen Zappeln gibt Darmverschlingung.
- Wenn du nicht lieb bist, gehen wir gleich wieder nach Hause.
- Du lernst für das Leben, nicht für die Schule.
- Iss auf, dann scheint morgen die Sonne.
- Wirst sehen, das tut auch gar nicht weh.
- Wenn du deine Lego-Kiste nicht aufräumst, gibt's nachher kein Fernsehen.
- Nach Kirschen darf man nichts trinken.
- Der liebe Gott sieht alles.
- Cola löst den Magen auf.
- Wer nicht an den Weihnachtsmann glaubt, dem bringt er auch nichts.
- Mama und Papa haben doch gar nicht gestritten.

Folgen:
Den Eltern wächst eine lange Nase.

Mundfäule | lat.: – – –

Beschreibung:

Der himmlische Zustand, wenn die Kinder mal ein komplettes Wochenende bei der Oma sind und man deshalb nicht nonstop mit ihnen quasseln muss

Symptome, Ursachen, Verlauf, Komplikationen, Behandlung, Gefahren, Nebenwirkungen, blabla:

Ist jetzt egal.

Abbildung: Ist jetzt auch egal.

Murmeltiertag-Zwang | lat.: parens ritualis

Beschreibung:
Starres Wiederholen von Tätigkeiten zu festgelegten Tageszeiten

Mögliche Symptome morgens um Punkt 6 Uhr:
Die Eltern können den neuen Tag nur beginnen, wenn der Weckkasper »Tritratrullala« ruft, alle zwanzig Elternzehen dem Kind hallo gesagt haben, der Himmel, die Bäume, die Blumen, die Wolken, das Haus und die Müllabfuhr begrüßt worden sind, das Kind huckepack in die Küche getragen wird, die handwarme Milch im roten Sessel eingenommen wird, der Kindercasi dazu »Guten Morgen, liebe Sonne« abspult, die Mutter das Kind sanft wiegt und der Vater dazu lustige Morgengrimassen macht.

Mögliche Symptome mittags um Punkt 12 Uhr:
Die Eltern können das Mittagessen nur absolvieren, wenn es im roten Miffy-Tellerchen und dem hellblauen Plastiklöffelchen serviert wird, »Piep piep piep, wir haben uns alle lieb, einen guten Appetit« aufgesagt wird, zwei Fingerbreit Wasser mit vier Fingerbreit Apfelsaft gemischt werden, der Möhrenbrei ein liebes Lach-Gesicht hat und es genug Löffelchen für Mama, Papa, Oma, Opa, Onkel Kristopher, Onkel Jochen und alle Nachbarn gibt.

Mögliche Symptome abends um Punkt 20 Uhr:
Die Eltern können den Nachtschlaf nur einläuten, wenn der Raum mit gedimmtem Rotlicht erfüllt ist, die Tür drei achtel geschlossen ist, »Lalilu« gesungen wird, der Kuschelhase rechts im Bett liegt, das Kind einen Seidenwollschlafsack trägt und den elterlichen Daumen mit der Hand umschließt.

Folgen:
Morgen um dieselbe Uhrzeit

Muttermal, Vatermal, Tagesmuttermal | lat.: paeda gogo

Beschreibung:

Elterliche Verwirrtheitsgefühle aufgrund abwechselnder Sorgepflicht

Symptome:

- Der Vater sucht im Kühlschrank nach der Nutella, die die Mutter in der Speisekammer deponiert hat, nachdem die Tagesmutter sie im Esszimmerregal verstaut hatte. Am Ende taucht sie im Schuhschrank auf.
- Die Mutter wird vom Kind mit »Papa«, der Vater mit »Mama«, der Kindergärtner mit »Mapa« und die Tagesmutter mit »Bernd« angesprochen.
- Die Mutter paukt morgens mit dem Kind das große Einmaleins, die Tagesmutter übt mittags mit dem Kind Englischvokabeln, der Vater fragt abends die europäischen Hauptstädte ab. Der Test am nächsten Tag ist ein Deutsch-Diktat.

Behandlung:

Mal hü, mal hott

Muttersprache | lat.: dada-ismus

Beschreibung:
Elterliches Wahrnehmen einer völlig neuen Sprache

Mögliche Ausdrucksformen:

Da	Ball	Da	Müde
Da	Mond	Da	Feuerwehr
Da	Baum	Da	Schokolade
Da	Stern	Da	Schuh
Da	Sonne	Da	Lolli
Da	Bett	Da	Hose
Da	Hund	Da	Badewanne
Da	Bruder	Da	Apfel
Da	Haus	Mama	Parkuhr
Da	Pipi	Da	Puzzle
Da	Bagger	Da	Wiese
Da	Luftballon	Da	Pferd
Da	Ente	Da	Sofa
Da	Pfütze	Da	Kuh
Da	Banane	Da	Dach
Da	Blume	Da	Schwein
Da	Puppe	Da	Telefon
Da	Pommes	Da	Vogel
Da	Auto	Da	Fernseher
Da	Papa	Da	Kirche
Da	Eimer	Da	Waschbecken
Da	Mama	Da	Mütze
Da	Frosch	Da	Uhr
Da	Schaufel	Da	Glas
Da	Buch	Da	Licht
Da	Sandkiste	Da	Teller
Da	Tante	Da	Stift
Da	Schaukel	Da	Schüssel
Da	Oma	Da	Zeitung
Da	Schwester	Da	Kanne
Da	Opa	Da	Postbote
Da	Nudeln	Da	Ei
Da	Polizei	Da	Schnee

Mutterspucke | lat.: bä-bä

Beschreibung:
Hausmittel zur Reinigung des Kindes

Anwendung:
Auf den mütterlichen Daumen auftragen und rubbeln

Anwendungsgebiet:
- Bei jedem kleinen Fleck auf Gesicht oder Kleidung des Kindes
- Bevorzugt in aller Öffentlichkeit und in Anwesenheit der kindlichen Peergroup

Wirkung:
Unveränderter, nun nasser, muffig riechender Fleck

Nebenwirkung:
Beschleunigung des kindlichen Abnabelungsprozesses

Achtung:
Mutterspucke ist hochgradig
ätzend.

Muttertier | lat.: putzi schmutzi

Beschreibung:
Elterliches Verantwortungsgefühl für ein Haustier, das vom eigentlichen Besitzer vernachlässigt wird

Verlauf:
- Phase 1: Das Kind wünscht sich ein Haustier. Die Eltern bocken.
- Phase 2: Das Kind macht den Eltern klar, dass ein Haustier für sein seelisches Gedeihen unverzichtbar ist, und versichert, dass es das Tier aufopferungsvoll pflegen wird.
- Phase 3: Nach endlosem Nachdenken über ein kleines, reinliches, geruchsloses, haarloses Haustier entscheidet sich die Familie dann doch für eine kratzbürstige, nicht stubenreine Tigerkatze, einen müffelnden Riesen-Bobtail oder eine hochempfindliche, beißlustige Wasserschildkröte.
- Phase 4: Nach einem kurzen Anflug von Tierliebe ebbt das kindliche Interesse an dem zunehmend verzausten Miezi, Snoopy oder Kröti schlagartig ab.

Chance:
Ein Menschenjahr entspricht fünf Katzenjahren und sieben Hundejahren.

In harten Fällen hat die betroffene Mutter bis zu geschätzten hundert Jahren mit dem Muttertier-Befall zu tun.

Mutterverdienstkreuz | lat.: mama aua

Beschreibung:
Durch ständiges Bücken, Heben und Tragen erworbener und irreparabler Kreuzschaden der Mutter

Ursache:
Ein Kind auf dem Arm, eins an der Hand, eins im Kinderwagen, eins unterm Herzen

Begleiterscheinungen:
- Dennis-Arm
- Mütterlicher Rundrücken durch gleichzeitiges Lenker-, Sattel- und Kindfesthalten beim Fahrradtraining
- Aufgeschürfte Knie, Handflächen und Pobacken, verformte Ohrläppchen, Nasenspitzen und Lippen durch den kindlichen Missbrauch des Elternkörpers als Pferd, Sprungbrett oder Schanze

Vorbeugen:
Ja. Und zwar im Neunzig-Grad-Winkel.

*Den können betroffene Mütter sich wahlweise
an die Backe kleben oder in die Haare schmieren.*

Muttivation | lat.: mama praemium

Beschreibung:
Punkte-Belohnungssystem für kindliches Wohlverhalten

Mögliche Symptome:
* Klebe-Smileys, -Sonnen und -Blümchen breiten sich auf Kühlschrank, der Kinderzimmertür und der Magnetwand aus, um schließlich die ganze Wohnung großflächig zu überziehen

Komplikationen:

```
   12 x artig ins Bett gegangen
+   1 x selber Zähne geputzt
+ 23 x das Grüne im Essen probiert
– 12 x die Katze am Schwanz gezogen
+   9 x Duplosteine in die Kiste geräumt
– 56 x Spielzeug kaputtgemacht
+ 13 x ohne Windel geschafft
+ 23 x ohne Meckern in den Kindergarten gegangen
–   1 x »Kackwurst« zum Bruder gesagt
```
_____
```
=       wie viel Klebeblümchen noch mal?
```

Erfolg:

Nachsorge | lat.: reuma/reupa

Beschreibung:

Reue- und Schamgefühl nach einer Auseinandersetzung mit dem Kind, bei der man wieder mal nicht so reagiert hat, wie das Lehrbuch für perfekte Eltern empfiehlt

Spontanes Auftreten:

Direkt nach der missglückten Interaktion bilden sich im Körper des Elternteils Gedankenbläschen, die mit harten Selbstvorwürfen gefüllt sind.

Begleiterscheinungen:

- Ein schweres Herz
- Ein zermartertes Hirn
- Feuchte Augen
- Das Elternteil fühlt sich sehr klein mit Hut.
- Schamesröte
- Grenzenlose Ermattung und Erschöpfung

Weiterer Verlauf:

Zeitgleich mit der ersten Reuephase bilden sich im elterlichen Hirn gute Vorsätze, ab sofort ein neues, besseres, verständnisvolleres, geduldigeres, warmherzigeres, souveräneres Elternteil zu werden.

> **Ist es ernst?**
> Nein. Bei etwa drei Dritteln aller Eltern fallen die guten Vorsätze bald von alleine ab – nämlich spätestens bei der nächsten Auseinandersetzung mit dem Kind.

Nachtschreck | lat.: lego pedes

Beschreibung:
Verletzungen, die im Dunkeln verursacht werden

Mögliche Auslöser:
- Legosteine, die durch den Druck beim Gehen in den Fuß getrieben werden
- Ausrutschen auf großflächig ausgelegten Medi&Zini-Postern
- Auf etwas Weiches treten, das fiepst und dann mit kleinen, spitzen Zähnen zubeißt

Notfallmaßnahmen:
Entfernen Sie den Legostein / die Poster-Reißzwecken / den Hamster mit einer Pinzette aus Ihrem Fuß. Entfernen Sie anschließend die Pinzette aus Ihrem Handballen.

Die Dunkelziffer der von Nachtschreck befallenen Eltern ist hoch!

Nachttaubheit | lat.: papa ratzi

Beschreibung:
Dramatische Schwerhörigkeit des Mannes, die auftritt, wenn das Kind nachts schreit

Symptome:
- Bewegungslosigkeit des gesamten väterlichen Körpers
- Zugewachsene Augenlider
- Friedlicher, ausgeruhter Gesichtsausdruck
- Lautes, gleichmäßiges Schnarchen
- Achtstündige Tiefschlafphase, die im besten Fall mit dem Wecker-klingeln endet

Wie kann ich helfen?
Körperliche und verbale Attacken auf den schlafenden Vater bringen meist keine Heilung, aber der Mutter Linderung.

> **Tipp:**
> Greifen Sie zur besseren Verständigung auf die Gebärdensprache zurück.

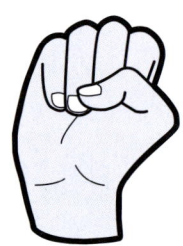

1. Du kannst mich mal!

2. Steh auf, sonst Beule!

3. Tschüss!

Nachwehen | lat.: nata olympica

Beschreibung:
Dramatische Wiedergabe der Geschehnisse im Kreißsaal

Mögliche Symptome:
- Die junge Mutter schildert die übermenschlichen Qualen des unvergleichlich schwierigen Geburtsvorgangs in epischer Beckenbreite und Gebärmuttertiefe.
- Die Schwere der Geburt wird von der Mutter in Stunden (Tagen, Wochen) gemessen. Hier wird im Allgemeinen großzügig aufgerundet.

Auffälligkeiten:
- Der heroische Verzicht auf lindernde Hilfsmittel wie Periduralanästhesie (PDA), Beruhigungsspritzen, Traubenzucker, Massage-Igel
- Weder Hebamme noch Arzt erkennen in den mütterlichen Schilderungen die schulbuchartig unkomplizierte Nullachtfuffzehn-Geburt wieder.

Störende Begleiterscheinung:
Der eigene Mann fällt der Frau in aller Regel in den malträtierten Rücken, indem er auf Fragen nach der Geburt heiter und unbefangen antwortet: »Ja, lief prima, null problemo!«

Namensqual | lat.: nomen est ohmann

Beschreibung:

Schmerzvoller, langwieriger Prozess bei der Namenssuche für das ungeborene Kind

Mögliche Symptome:

- Schlaflose Nächte, Erstellung endloser Listen
- Erstehung von Literatur wie »Die 4.000 besten finnischen/zentralafrikanischen/eurasischen Vornamen«
- Wichtigtuerische Geheimhaltung gegenüber allen desinteressierten Bekannten

Folgen:

- Shanti Cosma Rainbow Schröder
- Newton Edison Galileo Pfleiderer
- Apple Peach Cherry Banana Schmidt
- Pepsi Carola Müller

Chancen:

Aus Joaquin wird spätestens im Kindergartenalter Joachim, womit sich für Joaquin der spätere Gang zum Psychiater erledigt hat.

Nichtraucherlunge | lat.: nixo tin

Beschreibung:
Elterliche Auffälligkeit, die sofort nach Geburt des Kindes eintritt und sich kontinuierlich verstärkt

Mögliche Auslöser:
- Der Gesundheitsminister warnt.
- Die junge Mutter warnt.
- Das Kind warnt.

Mögliche Symptome:
Die elterliche Wohnung ist komplett rauchfrei, lediglich vom Balkon steigt eine kleine, trotzige Rauchfahne auf.

Risiken und Nebenwirkungen:
- Nasse Haare, Eisfüße und klappernde Zähne
- Soziale Isolation

Folge:
Das Rauchbedürfnis wird kompensiert durch die verstärkte Zufuhr gesellschaftlich sanktionierter Ersatzdrogen wie zuckerfreie Kaugummis, glutenfreie Reiswaffeln, alkoholfreies Bier und 4.000 Kalorien Erdnuss-Käse-Flips.

Obacht:
Zu langes Draußenbleiben beim Rauchen
kann zu gefährlichen Erfrierungen führen.

Öffentlichkeitsarbeit | lat.: public relations

Beschreibung:

Unter öffentlicher Beobachtung so tun, als sei man ein tolles, verständiges Elternteil, zu Hause aber den Flodder raushängen lassen

Auffälligkeiten:

- Unter Beobachtung der Mitreisenden im ICE sechs Stunden lang die Kühe auf den vorbeirauschenden Weiden zählen, die gesammelten Abenteuer von Nulli und Priesemut vorlesen und wichtige Bauteile des Drei-D-Super-Röntgen-Teleskops unter dem Vordersitz suchen
- Unter Beobachtung anderer Eltern auf dem Spielplatz fünfzigmal Anschwung auf der Schaukel geben, mit sanfter Stimme hundertmal erklären, warum es jetzt nicht noch ein Eis gibt, den winzigen Kratzer auf dem Knie mit Rescue-Remedy-Bachblütentropfen, Kühlkompresse und Heile-Heile-Gänschen wegpusten
- Unter Beobachtung der Lehrerin beim Klassenausflug in den Zoo ausführlich das Kleingedruckte auf den Schautafeln erklären, mit den Kindern vergnügt über die Lama-Spucke auf dem eigenen Ringelpulli lachen und alle Kinder mit gelatinefreien Fruchtbärchen überraschen

Unauffälligkeiten:

- Kaum ist das betroffene Elternteil hinter den verschlossenen heimischen Türen, fällt die Hülle, und das Elternteil darf sich endlich von seiner wahren Seite zeigen: der Rückseite, die ermattet auf dem Sofa liegt und einfach nur, verdammt noch mal, fünf Minuten ihre Ruhe haben will.

Ohrwurm | lat.: schnischna schnappi

Beschreibung:
Furchterregendes, für Kinderohren bestimmtes Musikerzeugnis, welches das elterliche Hörsystem befällt

Hochansteckende Ohrwürmer:
- ♫ Und ganz doll mich
- ♫ Anne Kaffeekanne
- ♫ Schlümpfe-Polonaise
- ♫ Tamagotchi-Lied
- ♫ 99 Luftballons
- ♫ Lalilu
- ♫ Du da im Radio
- ♫ Das Flummilied
- ♫ Higgelty, Piggelty, Pop und Pu

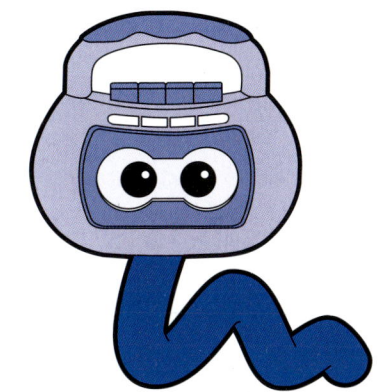

Verlauf:
- Phase 1: Das Elternteil hat Erstkontakt mit dem Ohrwurm. Es reagiert mit gesunder Abwehr.
- Phase 2: Das Elternteil wird täglich in Endlosschleife mit dem Ohrwurm berieselt. Das elterliche Abwehrsystem beginnt zu bröckeln.
- Phase 3: Der Ohrwurm kriecht in den elterlichen Hörkanal und saugt sich dort fest. Gegen seinen Willen ist das Elternteil gezwungen, die nunmehr verhasste Melodie mitzusummen und -zusingen.

Obacht:
- Im peinlichsten Fall kann der Ohrwurm in einer wichtigen Sitzung zu den Lippen der Mutter / des Vaters vordringen:
  »Ich bin Schnappi, das kleine Krokodil, ich schnappe gern, das ist mein Lieblingsspiel. Ich schleich mich an die Mama ran, und zeig ihr, wie ich schnappen kann, Schni Schna Schnappi, Schnappi Schnappi Schnapp, Schni Schna Schnappi, Schnappi Schnappi Schnapp!«

Oh-Weh | lat.: up-down-syndrom

Beschreibung:
Gefühlsbad, das Eltern täglich im Fünfminutentakt hin und her wirft

Möglicher Verlauf:
9.00 Uhr: Freude – weil das Kind beim Großeinkauf zufrieden im Einkaufswagen sitzt und vor sich hin schnullert.

9.05 Uhr: Unsicherheit – weil sich auf der Stirn des Kindes eine Sorgenfalte bildet und es den Schnuller von sich schleudert.

9.10 Uhr: Betroffenheit – weil das Kind weint und rauswill.

9.15 Uhr: Scham – weil das Kind brüllt, sich auf den Boden wirft und das Babybrei-Regal mit sich reißt.

9.20 Uhr: Wut – weil eine Oma den Kopf schüttelt und tss-tss sagt.

9.25 Uhr: Hilflosigkeit – weil das Kind lautstark plärrt und angebotene Spielzeuge, Getränke und Speisen ablehnt.

9.30 Uhr: Demütigung – weil das Kind die gesunden Apfelschnitze einer anderen Mutter freudig akzeptiert.

9.35 Uhr: Stolz – weil das Kind »Danke« sagt.

9.40 Uhr: Panik – weil das Kind sich am Apfelschnitz verschluckt, die Kassiererin sagt: »Das macht neunzigfuffzig«, die volle Geldbörse runterrasselt und das Handy piept.

9.45 Uhr: Dankbarkeit – weil Kassiererin und Kundenschlange geduldig zusehen, bis das weinende Kind beruhigt, der klemmende Apfelschnitz beseitigt, das klingelnde Handy weggedrückt, die umherkullernden Geldmünzen aufgesammelt, neunzigfuffzig abgezählt, der Großeinkauf im Einkaufswagen sind.

9.50 Uhr: Ratlosigkeit – weil Kind, Buggy, reißende Plastiktüten und Wasserkasten nicht gleichzeitig durch die Supermarkttüre passen.

9.55 Uhr: Genervtheit – weil das andere Elternteil am Handy heiter fragt: »Na, was macht ihr beiden Racker gerade?«

10.00 Uhr: Liebesrausch – weil das Kind lächelnd »Mama« sagt.

Heilung:
Garantiert in den nächsten fünf Minuten

Oralbefriedigung | lat.: mjam mjam

Beschreibung:
Elterliche Erregung beim seltenen Genuss von Junkfood

Auslöser:
- Eltern und Kind sitzen vorbildlich mit Kohlrabischnitzen, hefefreien Dinkelgrünkernschnitten mit Paprikagesichtern vor dem Fernseher, da erscheint eine riesige Werbe-BiFi auf dem Bildschirm.
- Eltern und Kind sitzen vorbildlich mit einem Bund Radieschen, Vollkornknäckebrot und hartgekochten Eiern auf dem Badetuch im Freibad, da zieht die pommesgeschwängerte Duftfahne des Schwimmbadbüdchens herüber.
- Eltern und Kind sitzen vorbildlich mit Möhrensticks und Frischkäse im Kino, da ertönt das laute Chipstüten-Knistern der Sitznachbarn.

Reaktion:
Nach einer fundierten, mit mahnender Stimme vorgetragenen Rede über die Grundpfeiler gesunder Ernährung (13 Sekunden) geben die Eltern sich hemmungslos einer Cheezy-Crust-Salami-Party-Bestellpizza, dreimal XXL-Pommes rot-weiß mit Cola-Vanille oder der Packung King-Size-Double-Hot-Nacho hin.

Höhepunkt:
Oh Gott, jaaaaaaaaaa!

Patchwürg | lat.: we are family!

Beschreibung:

Das Zusammenwachsen auseinandergerissener Familien zu einer neuen Familieneinheit

Mögliche Symptome:

- Menschen, die bisher mit zwei Kindern ausreichend überfordert waren, nennen nun vier bis acht Kinder ihr Eigen.
- Jeder öffentliche Auftritt ist ein Schauspiel für die Umstehenden, das mit einer Mischung aus Bewunderung, Entsetzen und Schadenfreude beobachtet wird.
- Das Vorstellen der Familie nimmt Spielfilmlänge in Anspruch: Das sind Sören und Bodo, die Söhne von meiner ersten Frau Valerie und ihrem Expartner Sigbert, der zwei weitere Kinder, Mandy und Bianca, mit seiner neuen Frau Svenja hat. Lucie, Annett und Paula sind die Stieftöchter meiner zweiten Frau Isabel und ihrem Ex Dominik. Das hier sind Clara und Josephine, die Halbgeschwister von Marcella, Louise und Cosima, die zu Adeline und Bernhard gehören. Und das hier sind Nico und Fredi, die Kinder von Alex und Heike, die gerade mit Bruno und Mika, den Kindern von Alex' Freundin Nina und deren Exfreund Reinhard, der jetzt mit Charlotte zusammen ist, im Urlaub waren.

Mögliche Komplikationen:

Sören, Bodo, Valerie, Sigbert, Mandy, Bianca, Svenja, Lucie, Annett, Paula, Isabel, Dominik, Clara, Josephine, Marcella, Louise, Cosima, Adeline, Bernhard, Nico, Fredi, Alex, Heike, Bruno, Mika, Nina, Reinhard, Charlotte

Möglicher Verlauf:

- Die total frisch verliebten Patchwürg-Eltern finden alles aufregend und liebenswert, was mit dem neuen Partner zu tun hat – selbst halbwüchsige, misstrauisch dreinschauende, maulfaule Fremdkinder.
- Die frisch verliebten Patchwürg-Eltern versuchen eisern, den erotischen Blickkontakt aufrechtzuerhalten: über Supersize Pinocchio-

Menüs, XXL Softdrinks, Berge von Baseballkappen und all die Steinchen hinweg, die Expartner in den Weg gelegt haben.

- Die verliebten Patchwürg-Eltern geben sich stets betont heiter und verständnisvoll – zur Verwunderung der jeweils eigenen Kinder, die kaum noch den miesepetrigen Papa und die piesepampelige Mama erkennen.
- Die Patchwürg-Eltern bemühen sich tapfer, ein harmonisches Familiengefüge zu schmieden - aus pädagogischen Überzeugungen, kindlichen Interessen, terminlichen Vorgaben und Familienritualen, die so weit auseinanderliegen wie Spitzbergen und Feuerland.

Aussichten:

Wenn der Alltag familiäre Idealvorstellungen und Verliebtheitsgefühle rund geschliffen hat, lassen die elterlichen Verkrampfungen nach, und aus der supermodernen, lockeren Patchwürg-Familie wird eine ganz stinknormale, dysfunktionale Durchschnittsfamilie.

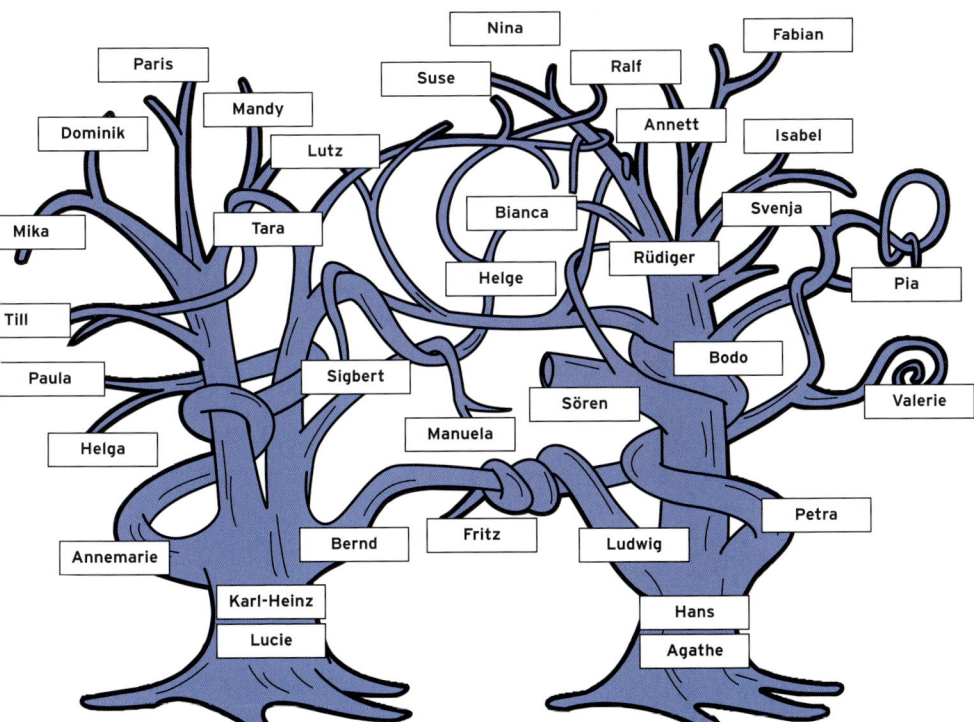

Pflegefall | lat.: vatyrium

Beschreibung:
Der erkrankte Vater

Symptome:
Nicht mit bloßem Auge erkennbar

Leiden:
Unvorstellbar

Pflege:
Intensiv

Wunderliche Heilung:
 Samstags, 18.30 Uhr

Quadratleibigkeit | lat.: mama gigantica

Beschreibung:
Verdreifachung des mütterlichen Körpervolumens

Mögliche Symptome:
- Eingeschränkter Bewegungsapparat durch ein am Mutterarm angewachsenes, nicht lauffähiges Baby
- Dramatisch verlangsamte Geschwindigkeit bei Ausführung einfachster Tätigkeiten wie Gehen, Essen, Atmen

Komplikationen:
- Türrahmen, eng nebeneinander geparkte Autos, Personenaufzüge für maximal zehn Personen

Krankheitsverlauf:
- Das Baby löst sich nach etwa einem Jahr von Armen, Hüften, Brust, Rücken, Beinen, Rockzipfel der Mutter.
- Das Baby beginnt zu laufen, so dass die Mutter sich nun ungehindert mit ihren Wagenburgen von Babytrinkfläschchen, Drogerieartikeln, Sandförmchen, Keksdosen, Kühlboxen und dem Buggy mit Minirädern, in denen winzige Sandpartikel das Radlager komplett blockiert haben, zum Spielplatz vorarbeiten kann.

Die Auswüchse mütterlicher Quadratleibigkeit übersteigen jedes Vorstellungsvermögen.

Reisefieber | lat.: tor-tour

Beschreibung:
Erkrankung bei Eltern, die zum ersten Mal ohne ihr Kind verreisen

Erhöhte Temperatur:
Mutter und Vater verlassen das Reisebüro mit Informationsmaterial und klopfendem Herzen.

Leichtes Fieber:
- Der mütterliche Organismus läuft sich warm.
- Kind, Oma und der gesamte Landkreis werden über die bevorstehende Elternreise in Kenntnis gesetzt.
- Die Mutter kocht mundgerechte Kinder-Lieblingsessen vor und ordnet sie nach Farben und Tageszeiten.
- Die Eltern lassen präventiv alle kinderärztlichen Vor- und Nachsorgeuntersuchungen wiederholen.
- Das Zuhause ist gepflastert mit Notrufnummer-Zetteln, Stundenplänen, Adresslisten, Gebrauchsanweisungen und Wohnungsskizzen.
- Die Eltern verfassen notariell beglaubigte Testamentserklärungen, Patientenverfügungen, Sorgerechtserklärungen und zärtliche Abschiedsbriefchen ans Kind, die in der gesamten Wohnung verteilt werden.
- In Rollenspielen probt die Mutter den Tagesablauf mit Kind und Oma.

Hohes Fieber:
Im eigenen Saft stehend und vom Augenrollen der Oma begleitet, führt die Mutter letzte Hochsicherheits-Checks in der Wohnung durch: Sind alle Steckdosen abgeklebt? Fenster vernagelt? Treppen abgesperrt? Stolperfliesen begradigt? Tischkanten rundgefeilt? Messer und Schneidewerkzeuge stumpfgewetzt?

Heilung:
Ist das Fieber auf seinem Höhepunkt angelangt und die Mutter kurz davor, das Bewusstsein zu verlieren, ist es heilsam (und auch für Oma, Kind und Landkreis erlösend), wenn die Eltern Haus und Hof endlich verlassen und ihren Tagesausflug antreten.

Rollenunverständnis | lat.: werwiewaswiesoweshalbwarum

Beschreibung:
Identitätssuche und Orientierungslosigkeit des modernen Vaters

Mögliches Auftreten:
- Im Kreißsaal, wo der moderne Vater sich einerseits nicht traut, Kette rauchend auf dem Krankenhausflur zu sitzen und »auto motor und sport« zu lesen, andererseits jedoch im Kreißsaal trotz allen Mithechelns, Mitleidens und Nabelschnurdurchtrennens nie mehr sein wird als ein im Weg stehendes Deko-Element mit lila Massage-Igel in der Hand
- Auf der Kindergeburtstagsparty, wo der moderne Vater sich einerseits nicht traut, erst um 18.00 Uhr mit einem stimmungsvollen »Na, hier ist ja was los!« aufzuschlagen, andererseits jedoch keiner der Partygäste des Prinzessinnen-Geburtstags vom Vater mit seinem Miniatur-Burgfräulein-Hütchen auf dem Kopf Notiz nimmt
- Am Vatertag, wenn der moderne Vater sich einerseits nicht traut, mit einem Schnapsbecher um den Hals gehängt über den Deich zu torkeln, ihn andererseits jedoch zu Hause weder ein Vatertags-Blumenstrauß noch liebevoll gekrakelte Kinderbilder mit der Aufschrift »Ales Libe zum Fatatag« erwarten

Väterliches Rollenunverständnis ist gutartig und harmlos. Aber irgendwie immer ein bisschen im Weg.

Röntgenuntersuchung | lat.: super nanni

Beschreibung:
Untersuchungstechnik bei der Suche nach einer vertrauenswürdigen Tagesmutter

Möglicher Verlauf:
- Schlaflose, mit Grübeln, Diskutieren und Angstattacken verbrachte Nächte
- Das Verhören von mindestens 800 Tagesmüttern unter tiefenpsychologischen, erziehungswissenschaftlichen und kriminalistischen Gesichtspunkten
- Ausfiltern von ungeeigneten Kandidatinnen nach wichtigen pädagogischen Kriterien wie: Haarlänge, Figur, Kleidungsstil, Augenfarbe, Automarke
- Die Datenerfassung in Frage kommender Tagesmütter mittels eines polizeilichen Führungszeugnisses, eines Fingerabdrucks, einer Speichel-/Blut-/Urinabgabe und eines zwanzig Generationen zurückreichenden Familienstammbaums
- Probetage mit den in Frage kommenden Tagesmüttern vereinbaren, in denen Kind und Tagesmutter unter den wachsamen Habichtaugen des Elternteils zusammengeführt werden und sich unbefangen und nach den Vorgaben eines vom Elternteil ausgeklügelten Essens-/Schlafens-/Spielplan miteinander anfreunden können
- Schon nach wenigen Monaten ist das Vertrauen zwischen Elternteil und Tagesmutter so gewachsen, dass das Elternteil diese schon stundenweise alleine mit dem Kind lässt.

Komplikationen:
- Bei jeder Sekunde Verspätung von Tagesmutter und Kind stellt sich beim Elternteil die Gewissheit ein, dass es sich um Kindesentführung oder einen schlimmen Unfall (aufgrund tagesmütterlicher Unachtsamkeit) handeln muss.
- Bei jeder Verhaltensabweichung des Kindes (Müdigkeit, Wachheit, Interesse, Desinteresse, Folgsamkeit, Bockigkeit) wittert das Elternteil den gefährlichen Einfluss der Tagesmutter.

Santaclaustrophobie | lat.: tannentrauma

Beschreibung:
Fest mütterlicher Besinnungslosigkeit

Typischer Verlauf in mehreren Schüben:
- August: Innere Unruhe
- September: Äußere Unruhe
- Oktober: Kopfzerbrechen
- November: Platte Füße, kalter Schweiß, blanke Nerven
- Dezember: Albtraum

Ernste Komplikationen:
Wer nimmt Oma?

Begleiterscheinung:
Visionen von bärtigen Männern mit roten Zipfelmützen und großen Säcken

Folgen:
Festlicher Zusammenbruch am 27. Dezember

Auch Väter können von der Santaclaustrophobie befallen werden. Die Symptome treten jedoch ausschließlich am Abend des 24. Dezember auf und verschwinden dann für ein Jahr in der Truhe auf dem Dachboden.

Schall-Isolation | lat.: pssssst!!!

Beschreibung:
Elterliche Lautstärkeregulierung zum Schutz des kindlichen Schlafs

Mögliche Symptome:
- In der Mittagsruhe und abends darf in der elterlichen Wohnung nur auf Zehenspitzen gegangen werden.
- Eindringlinge werden gebeten, »bitte auf dem Handy« anzurufen, »wenn ihr vor der Tür steht«. Das Handy ist auf lautlos gestellt.
- Nachbarn werden angehalten, in der kritischen Zeit keinerlei elektronische Haushaltsgeräte (Spülmaschine, Waschmaschine, Föhn, Munddusche, Bügeleisen) in Betrieb zu nehmen.
- Seltene Essensgäste sitzen flüsternd, ohne Musik und in Leihsocken am Abendessentisch, auf dem Weg zur Toilette werden sie gebeten, keineswegs die Spülung zu ziehen.

Verlauf:
Schleichend

Komplikation:
In der Regel geht vor der elterlichen Wohnung exakt in dem Augenblick, in dem das Kind gerade eingeschlafen ist, der Presslufthammer an, die Autoalarmanlage los, und die Feuerwehr rast vorbei.

Folgen:
Das Kind schläft selig weiter, die Eltern erliegen einem Herzstillstand.

Schambereich | lat.: femme triviale / homme trivial

Beschreibung:
Elterliche Tätigkeiten, bei denen man nicht mal tot gesehen werden möchte

Mögliche Symptome:
- Der gut gebaute Nachbar stellt sich genau in dem Augenblick hinter die Mutter in die Supermarktkassenschlange, in dem sie zwei Familien-Großpackungen fünflagiges Toilettenpapier, ein Vorratspack o.b. Extra und drei Tüten Milchbildungstee auf das Kassenband hievt.
- Die knackige Teamassistentin des Vaters betritt das Freibad just in dem Moment, als er mit dem Kind auf dem Schoß und dem Gummidelphin zwischen den Beinen auf der Babyrutsche stecken bleibt.
- Der aufregende Exkollege kommt exakt in der Sekunde am offenen Fenster der örtlichen Turnvereinshalle vorbei, als die Mutter das »Elefantenlied« laut singend und mit wilden Rüssel-Imitationen im Mutter-Kind-Kreis vorturnt.

Was kann ich tun:
Haltung bewahren, egal, wie doof diese aussieht!

Was kann ich noch tun?
Im Erdboden versinken

Scheinheilung | lat.: wir sind papst!

Beschreibung:
Elterlicher Wiedereintritt in die Kirche direkt nach der Geburt des Kindes

Auslöser:
- Das Wunder der Geburt
- Die Schwiegermutter

Folgen:
Nie in die Kirche gehen und trotzdem jede Menge teurer Tauf-, Kommunions- und Konfirmationsgeschenke einsacken

> **Komplikationen:**
> Der liebe Gott sieht alles.

Gegen die Heilige Familie ist selbst das gesündeste Abwehrsystem gegen die Kirchensteuer machtlos.

Schlaftablette | lat.: karmacoma

Beschreibung:

Ob im Gehen, im Stehen, im Sitzen, junge Eltern könnten auf der Stelle einfach einratzzzzzzzzzzzzzzzzzzzzzzzzzzz zzzzzzzzzzzzzzzzz
zzzzzzzzzzzzzzzzzzzzzzzzzzzzzzzzzzzzzzzzzzzzzzzzzzzzzzzzzzzzzzzzz
zzzzzzzzzzzzzzzzzzzzzzzzzzzzzzzzzzzzzzzzzzzzzzzzzzzzzzzzzzzzzzzzz
zzzzzzzzzzzzzzzzzzzzzzzzzzzzzzzzzzzzzzzzzzzzzzzzzzzzzzzzzzzzzzzzz
zzzzzzzzzzzzzzzzzzzzzzzzzzzzzzzzzzzzzzzzzzzzzzzzzzzzzzzzzzzzzzzzz
zzzzzzzzzzzzzzzzzzzzzzzzzzzzzzzzzzzzzzzzzzzzzzzzzzzzzzzzzzzzzzzzz
zzzzzzzzzzzzzzzzzzzzzzzzzzzzzzzzzzzzzzzzzzzzzzzzzzzzzzzzzzzzzzzzz
zzzzzzzzzzzzzzzzzzzzzzzzzzzzzzzzzzzzzzzzzzzzzzzzzzzzzzzzzzzzzzzzz
zzzzzzzzzzzzzzzzzzzzzzzzzzzzzzzzzzzzzzzzzzzzzzzzzzzzzzzzzzzzzzzzz
zzzzzzzzzzzzzzzzzzzzzzzzzzzzzzzzzzzzzzzzzzzzzzzzzzzzzzzzzzzzzzzzz
zzzzzzzzzzzzzzzzzzzzzzzzzzzzzzzzzzzzzzzz7777zzzzzzzzzzzzzzzzzzzzzz
zzzzzzzzzzzzzzzzzzzzzzzzzzzzzzzzzzzzzzzzzzzzzzzzzzzzzzzzzzzzzzzzz
zzzzzzzzzzzzzzzzzzzzzzzzzzzzzzzzzzzzzzzzzzzzzzzzzzzzzzzzzzzzzzzzz
zzzzzzzzzzzzzzzzzzzzzzzzzzzzzzzzzzzzzzzzzzzzzzzzzzzzzzzzzzzzzzzzz
zzzzzzzzzzzzzzzzzzzzzzzzzzzzzzzzzzzzzzzzzzzzzzzzzzzzzzzzzzzzzzzzz
zzzzzzzzzzzzzzzzzzzzzzzzzzzzzzzzzzzzzzzzzzzzzzzzzzzzzzzzzzzzzzzzz
zzzzzzzzzzzzzzzzzzzzzzzzzzzzzzzzzzzzzzzzzzzzzzzzzzzzzzzzzzzzzzzzz
zzzzzzzzzzzzzzzzzzzzzzzzzzzzzzzzzzzzzzzzzzzzzzzzzzzzzzzzzzzzzzzzz
zzzzzzzzzzzzzzzzzzzzzzzzzzzzzzzzzzzzzzzzzzzzzzzzzzzzzzzzzzzzzzzzz
zzzzzzzzzzzzzzzzzzzzzzzzzzzzzzzzzzzzzzzzzzzzzzzzzzzzzzzzzzzzzzzzz
zzzzzzzzzzzzzzzzzzzzzzzzzzzzzzzzzzzzzzzzzzzzzzzzzzzzzzzzzzzzzzzzz
zzzzzzzzzzzzzzzzzzzzzzzzzzzzzzzzzzzzzzzzzzzzzzzzzzzzzzzzzzzzzzzzz
zzzzzzzzzzzzzzzzzzzzzzzzzzzzzzzzzzzzzzzzzzzzzzzzzzzzzzzzzzzzzzzzz
zzzzzzzzzzzzzzzzzzzzzzzzzzzzzzzzzzzzzzzzzzzzzzzzzzzzzzzzzzzzzzzzz
zzzzzzzzzzzzzzzzzzzzzzzzzzzzzzzzzzzzzzzzzzzzzzzzzzzzzzzzzzzzzzzzz
zzzzzzzzzzzzzzzzzzzzzzzzzzzzzzzzzzzzzzzzzzzzzzzzzzzzzzzzzzzzzzzzz
zzzzzzzzzzzzzzzzzzzzzzzzzzzzzzzzzzzzzzzzzzzzzzzzzzzzzzzzzzzzzzzzz
zzzzzzzzzzzzzzzzzzzzzzzzzzzzzzzzzzzzzzzzzzzzzzzzzzzzzzzzzzzzzzzzz
zzzzzzzzzzzzzzzzzzzzzzzzzzzzzzzzzzzzzzzzzzzzzzzzzzzzzzzzzzzzzzzzz

Schlafwandeln | lat.: hui buh

Beschreibung:
Nächtliches Aufschrecken, Aufstehen und im Kinderzimmer »nach dem Rechten sehen«

Auftreten:
Immer genau dann, wenn das Elternteil gerade die Tiefschlafphase eingeläutet hat

Ursachen:
Das Geräusch eines drei Zimmer entfernt herunterfallenden Schnullers, Kuschelhasen oder Schmusetuchs

Folgen:
Nach dem Schlafwandeln liegt das Elternteil noch Stunden mit rasendem Puls, gespitzten Ohren und gespanntem Rücken sprungbereit im Bett, bis es schließlich ermattet in einen unruhigen, seichten Halbdämmerzustand sinkt.

Was kann ich tun?
- Väter: Stellen Sie sich schlafend, warten Sie, ob Ihre Partnerin aufsteht.
- Mütter: Stellen Sie sich schlafend, warten Sie, ob Ihr Partner aufsteht. Stehen Sie dann notgedrungen selbst auf, und sehen Sie im Kinderzimmer nach dem Rechten.

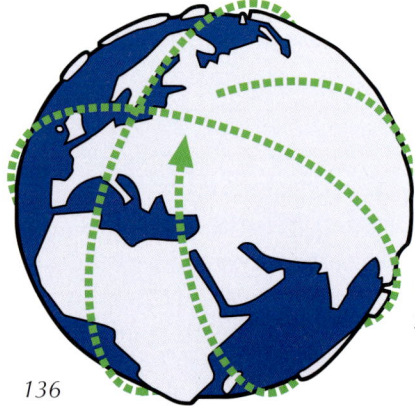

Durchschnittliche nächtliche Elternwanderungen sind länger als die indogermanischen Wanderungen, die Gotenzüge, die Vandalenmärsche und die Mongolenkreuzzüge zusammen.

Schlaganfall | lat.: lang tsu

Beschreibung:
Anfallartig auftretendes Bedürfnis, seinem Kind eine zu ballern

Verlauf:
Unter Zuhilfenahme übermenschlicher Selbstkasteiung wird die elterliche Aggression in pädagogische sinnvolle Bahnen gelenkt.

Level 1:
Das Elternteil sendet eine deutliche Ich-Botschaft: »Das macht mich jetzt traurig, dass du meinen Autoschlüssel in der Toilette versenkt hast!«

Level 2:
Das Elternteil versucht es mit positiver Verstärkung: »Schau mal, wenn du aufhörst, deine Schwester zu quälen, hast du viel mehr Zeit zum Gameboyspielen.«

Level 3:
Das Elternteil greift zu schlagenden Argumenten: »Wenn du weiter meinen Pullover zerschneidest, gibt's heute keinen Nachtisch!«

Reaktion:
→ Null

Level 4:
Anfallartig auftretendes Bedürfnis, seinem Kind eine zu ballern

Schnitzeljagdfieber: | lat.: trivial pursuit

Beschreibung:
Tägliches Suchspiel für zwei Personen

Betroffene Mitspieler:

Verlauf:
In diesem kurzweiligen Spiel geht es darum, dass Spieler 1 (das Kind) täglich verschiedene »Schnipsel« im ganzen Haus vergisst und Spieler 2 (die Mutter) diese alle nach und nach finden und dem Kind unter Zeitdruck hinterhertragen muss.

> **Spielmaterial:**
> Brille, Federmäppchen, Butterstulle, Trinkflasche, Turnbeutel, Pullover, Mütze, Handschuhe, Rucksack, Vokabelheft, Elternzettel, Fahrradhelm, Kopf

Erster Sieger:
Ist immer das Kind.

Zweiter Sieger:
Ist immer die Mutter.

Schnuffelstoffe | lat.: flopsitis

Beschreibung:
Abhängig machende Plüschtiere

Suchtmerkmale:
Die Eltern verlassen das Haus niemals ohne Hase, Maus, Katze, Bär, Robbe, Gongo, Gabel, Tottero, Golliwog, Molli, Sandmännchen, Schnuffi, Wauzi, Flopsi, Piggeldi, Spongi, Butzi, Lumpi, Affi oder Teddy.

Handwarmer Entzug:
Gongo, Tottero oder Affi müssen in die Waschmaschine.

Kalter Entzug:
Gongo, Tottero oder Affi sind weg.

Entzugserscheinungen:
- Kindliche Tobsuchtsanfälle bei Aldi
- Hektische Suchaktionen
- Stoßgebete
- Kilometerlange Umkehrfahrten

Was tun?
Ohren steiff halten.
Weitersuchen.

Obacht:
Je harmloser Schnuffelstoffe aussehen,
desto sicherer führen sie in die Sucht!

Schulausfall | lat.: feriae perpetuae

Beschreibung:
Elterliche Überbrückungsnot

Mögliche Auslöser:
Sommerferien, Herbstferien, Weihnachtsferien, Neujahr, Skiferien, Rosenmontag, Fastnacht, Aschermittwoch, Karfreitag, Ostern, Ostermontag, Maifeiertag, Muttertag, Christi Himmelfahrt, Pfingstsonntag, Fronleichnam, Mariä Himmelfahrt, Tag der Deutschen Einheit, Brückentage, Lehrerkonferenz, Fortbildungstage, Orga-Tage, hitzefrei

Mögliche Folgen:
Elterliche Arbeitsunfähigkeit an 300 Tagen im Jahr

Sichere Folgen:
Maaaamaaa, mir ist langweilig!

Aussichten:
Wahrscheinlich auch noch regnerisch

Hoffnungsschimmer:
Oma, Pfadfinder, KiKa, SuperRTL

Januar	Februar	März	April	Mai	Juni	Juli	August	September	Oktober	November	Dezember
1 Mo Neujahr	1 Do	1 Do	1 So	1 Di	1 Fr	1 So	1 Mi	1 Sa	1 Mo	1 Do	1 Sa
2 Di	2 Fr	2 Fr	2 Mo	2 Mi	2 Sa	2 Mo	2 Do	2 So	2 Di	2 Fr	2 So
3 Mi	3 Sa	3 Sa	3 Di	3 Do	3 So	3 Di	3 Fr	3 Mo	3 Mi	3 Sa	3 Mo
4 Do	4 So	4 So	4 Mi	4 Fr	4 Mo	4 Mi	4 Sa	4 Di	4 Do	4 So	4 Di
5 Fr	5 Mo	5 Mo	5 Do	5 Sa	5 Di	5 Do	5 So	5 Mi	5 Fr	5 Mo	5 Mi
6 Sa	6 Di	6 Di	6 Fr Karfreitag	6 So	6 Mi	6 Fr	6 Mo	6 Do	6 Sa	6 Di	6 Do
7 So	7 Mi	7 Mi	7 Sa	7 Mo	7 Do	7 Sa	7 Di	7 Fr	7 So	7 Mi	7 Fr
8 Mo	8 Do	8 Do	8 So Ostern	8 Di	8 Fr	8 So	8 Mi	8 Sa	8 Mo	8 Do	8 Sa
9 Di	9 Fr	9 Fr	9 Mo Ostern	9 Mi	9 Sa	9 Mo	9 Do	9 So	9 Di	9 Fr	9 So
10 Mi	10 Sa	10 Sa	10 Di	10 Do	10 So	10 Di	10 Fr	10 Mo	10 Mi	10 Sa	10 Mo
11 Do	11 So	11 So	11 Mi	11 Fr	11 Mo	11 Mi	11 Sa	11 Di	11 Do	11 So	11 Di
12 Fr	12 Mo	12 Mo	12 Do	12 Sa	12 Di	12 Do	12 So	12 Mi	12 Fr	12 Mo	12 Mi
13 Sa	13 Di	13 Di	13 Fr	13 So	13 Mi	13 Fr	13 Mo	13 Do	13 Sa	13 Di	13 Do
14 So	14 Mi	14 Mi	14 Sa	14 Mo	14 Do	14 Sa	14 Di	14 Fr	14 So	14 Mi	14 Fr
15 Mo	15 Do	15 Do	15 So	15 Di	15 Fr	15 So	15 Mi	15 Sa	15 Mo	15 Do	15 Sa
16 Di	16 Fr	16 Fr	16 Mo	16 Mi	16 Sa	16 Mo	16 Do	16 So	16 Di	16 Fr	16 So
17 Mi	17 Sa	17 Sa	17 Di	17 Do	17 So	17 Di	17 Fr	17 Mo	17 Mi	17 Sa	17 Mo
18 Do	18 So	18 So	18 Mi	18 Fr	18 Mo	18 Mi	18 Sa	18 Di	18 Do	18 So	18 Di
19 Fr	19 Mo	19 Mo	19 Do	19 Sa	19 Di	19 Do	19 So	19 Mi	19 Fr	19 Mo	19 Mi
20 Sa	20 Di	20 Di	20 Fr	20 So	20 Mi	20 Fr	20 Mo	20 Do	20 Sa	20 Di	20 Do
21 So	21 Mi	21 Mi	21 Sa	21 Mo	21 Do	21 Sa	21 Di	21 Fr	21 So	21 Mi	21 Fr
22 Mo	22 Do	22 Do	22 So	22 Di	22 Fr	22 So	22 Mi	22 Sa	22 Mo	22 Do	22 Sa
23 Di	23 Fr	23 Fr	23 Mo	23 Mi	23 Sa	23 Mo	23 Do	23 So	23 Di	23 Fr	23 So
24 Mi	24 Sa	24 Sa	24 Di	24 Do	24 So	24 Di	24 Fr	24 Mo	24 Mi	24 Sa	24 Mo
25 Do	25 So	25 So	25 Mi	25 Fr	25 Mo	25 Mi	25 Sa	25 Di	25 Do	25 So	25 Di Weihnachten
26 Fr	26 Mo	26 Mo	26 Do	26 Sa	26 Di	26 Do	26 So	26 Mi	26 Fr	26 Mo	26 Mi Weihnachten
27 Sa	27 Di	27 Di	27 Fr	27 So Pfingsten	27 Mi	27 Fr	27 Mo	27 Do	27 Sa	27 Di	27 Do
28 So	28 Mi	28 Mi	28 Sa	28 Mo Pfingsten	28 Do	28 Sa	28 Di	28 Fr	28 So	28 Mi	28 Fr
29 Mo		29 Do	29 So	29 Di	29 Fr	29 So	29 Mi	29 Sa	29 Mo	29 Do	29 Sa
30 Di		30 Fr	30 Mo	30 Mi	30 Sa	30 Mo	30 Do	30 So	30 Di	30 Fr	30 So
31 Mi		31 Sa		31 Do		31 Di	31 Fr		31 Mi		31 Mo

Schulausfall kann Eltern entsetzlich lange quälen

Sekundenschlaf-Panik | lat.: halloo-wach

Beschreibung:
Elterliche Angst vor kurzem kindlichem Wegnicken, infolge dessen das Kind 24 Stunden hellwach ist

Auftreten:
Vor allem abends im Auto – auf der Heimfahrt

Symptome:
- Die betroffenen Eltern bemühen alle Arten von Ablenkungsmanövern, um das wegdösende Kind wach zu halten: das Kind laut ansingen, künstlich Spannung aufbauen (»Guck mal, ein Baum!«), es unmotiviert kitzeln.
- Die Eltern verbringen den Großteil der Fahrzeit in einer der Fahrtrichtung entgegengesetzten Körperhaltung.

Komplikationen:
➜ Verrenkungen
➜ Bänderdehnungen und -risse
➜ Schulterauskugelungen
➜ Auffahrunfälle

Betroffene Eltern greifen bisweilen zu drakonischen Maßnahmen, um das Schlimmste zu verhindern.

Sonntagslaune | lat.: disni papa

Beschreibung:
Stimmungshoch bei Vätern, die ihren Nachwuchs nur gelegentlich zu Gesicht bekommen

Auftreten:
- Jedes zweite Wochenende

Mögliche Symptome:
- Nachmittage bei McDonald's, im Zoo, im Freibad, in Phantasialand, bei Toys 'R' us, im CinemaXX, in der Spielothek
- Großzügiges Verteilen von Süßigkeiten und Geschenken
- Großherziges Erlauben aller Tätigkeiten, die unter der Woche verboten sind: Colatrinken, bis in die Nacht aufbleiben, Fernsehgucken, Gameboyspielen
- Uneingeschränktes Verständnis für alle Anliegen des Kindes, im Besonderen ein offenes Ohr für Probleme mit der Mutter

Seltenes Auftreten:
Verbote

Folgen:
Papa ist Big Mäc,
Mama ist MäcDoof

Obacht! Ausgeprägte Spendierhosen können bei betroffenen Vätern zu Gleichgewichtsstörungen und Stürzen führen.

Spielhölle | lat.: lethargie lego

Beschreibung:
Zermürbendes Gefühl von Langeweile, das Eltern beim Spielen mit ihrem Kleinkind befällt

Mögliche Symptome:
- Interesselosigkeit, Mattigkeit, Verträumtheit
- Die Augen des Elternteils sind in die Ferne gerichtet, der Mund ist leicht geöffnet, die Haut ist blass.
- Das Elternteil reagiert nur langsam auf Ansprache: »Paaapaaa! Guck doch mal!«
- Unfähigkeit, dem Spielgeschehen zu folgen: »Mann, Mama: DU bist jetzt der Böse!«
- Die Zeiger der Uhr bewegen sich kaum vorwärts.

Verlauf:
Zäh

Dauer:
Endlos

Hoffnung:
Abendessenszeit/Feueralarm/Weltuntergang

*Von Spielhölle betroffene Elternteile spüren,
wie die Augen schwerer und schwerer werden …*

Stielaugen | lat.: papa casanova

Beschreibung:
Verstärkte Hoffnung des Mannes auf außerehelichen Geschlechtsverkehr

Auslöser:
Ungeahnte Kontaktmöglichkeiten zum anderen Geschlecht: Erzieherinnen, Babysitterinnen, andere Mütter, Hebammen, Tagesmütter, Kinderärztinnen, die Frau an der Drogeriemarktkasse, die Schwiegermutter

Komplikation:
Das wohlwollende Interesse des anderen Geschlechts gilt leider ausschließlich dem Kind.

Chancen:
Null

*Diese Erscheinungen flauen genauso abrupt ab, wie sie aufgetreten sind.
Nämlich exakt in dem Moment, in dem der Vater das Kind absetzt.*

Stilbruch | lat.: casa blanca horror

Beschreibung:
Die Unverträglichkeit von gutem Geschmack und Kindern

Mögliche Symptome:
- Auf dem anthrazitfarbenen, hochglanzpolierten, gelackten Estrichboden zwischen dem Wire Chair von Eames und dem Knoll Sideboard aus Tropenholz stehen plötzlich das quietschbunte Scoutranzenmodell »Mega Star Dust« mit Weltraummotiv, Neonapplikationen und wagenradgroßen Sicherheitsreflektoren sowie ein gelb-blau gestreiftes, lehmverkrustetes Puky-Kinderrad mit Tigerentenhupe.
- Statt der ledernen Kniebundhosen und des karierten Oberhemds tauchen auf dem ehemals makellosen kindlichen Körper ohne Vorwarnung Falschrum-Baseballkappen, Schweißbänder, Stirnbänder und formlose, schnürsenkellose Turnschuhe auf.
- Auf der Designers-Guild-Cowboy-Tapete sind plötzlich mit Tesastreifen festgepappte Beyoncé-Knowles-Starschnitte und Borussia-Mönchengladbach-Kalender.

Was kann ich tun?
Ein Tapetenwechsel kann heilsam sein: Besuchen Sie kinderreiche Familien. Ein Blick in andere Haushalte, in denen es noch geschmackloser zugeht, bringt oft Linderung.

Tipp:
Zufriedenstellende Erfolge erzielt man mit passgerechten Hussen, die über die schlimmsten Stilbrüche gestülpt werden.

Alternative Heilmethoden:
Augen zu und durch!

Stilldemenz | lat.: mama ballaballa

Beschreibung:
Geistiger Verfall der Mutter

Ursache:
Alle mütterlichen Synapsen sind mit der Produktion von Muttermilch beschäftigt.

Mögliche Symptome:
- Ständiges Sinnieren der Mutter: »Was wollt ich jetzt noch mal sagen?«, »Was wollt ich jetzt noch mal machen?«, »Was wollt ich jetzt noch mal holen?«
- Völlige Unfähigkeit, komplizierte Geräte wie Herd, Waschmaschine, Kühlschrank, Telefon oder Kugelschreiber zu bedienen
- Vollständiges Vergessen sämtlicher Namen von Kollegen, Nachbarn, Bekannten, Freunden, Familienmitgliedern und Haustieren
- Permanentes Verwechseln der linken und der rechten Brust

Typische Ausdrucksform:
Öh …

Chancen:
Nach der Abstillzeit findet sich alles wieder: der Hausschlüssel in der Waschmaschine, das Baby an der Supermarktkasse, der Mann in der Kneipe

Hirn einer an Stilldemenz erkrankten Mutter

Stoffwechsel | lat.: jacko jako-o

Beschreibung:
Plötzlich auftretender elterlicher Hang zu extrem funktionaler Allwetterkleidung aus atmungsaktiven Fleece-Materialien in Primärfarben und mit unzähligen Reißverschlüssen und Aufbewahrungsmöglichkeiten versehen

Erscheinungsformen:
Praktisch

Behandlung:
Bei 60 Grad Vollwaschprogramm, volle Schleuderstufe (mindestens 1.200 Umdrehungen)

Der Stoffwechsel befällt in kurzer Zeit große Teile des elterlichen Körpers.

Supermama | lat.: mama theresa

Beschreibung:
Unkontrollierbare mütterliche Überfunktion

Mögliche Symptome:
Mutter ist überall und lässt sich nicht abschütteln: in der Elternbeirats-sitzung, in der Martinsfest-Bastelgruppe, im Milchdiensteinsatz, beim außerordentlichen Elternstammtisch, in der Hausaufgabenbetreuungs-AG, als Klassenausflugsbegleitung, beim ABC-Schützentraining, auf der Tribüne beim Fußballtraining, hinter der Kuchentheke beim Weih-nachtsbasar, an erster Stelle in der Telefonkette.

Begleiterscheinung:
Ja. Immer.

Folgen:
In seltenen Fällen wird ein Heiligenschein über dem Kopf sicht-bar.

Spätfolgen:
Wenn das Kind der mütterlichen Fürsorge entwächst, fällt die Mutter für gewöhnlich in ein traumatisches Carita-Tief, das nur durch ehren-amtliches Engagement in wahllosen sozialen Einrichtungen zu über-winden ist.

Superpapa | lat.: bi-ba-butzemann

Beschreibung:
Unkontrollierbare väterliche Überfunktion

Mögliche Symptome:
- Der Mann ist ein perfekter Vater.
- Er verbringt jede freie Minute bäuchlings und in Ritterrüstung auf dem Spielteppich zwischen Duplosteinen, Wachsmalkreiden und Schmusetieren.
- Er kann rektal Fieber messen, Zäpfchen einführen und die Milchpumpe bedienen.

Phase 1:
Die Mutter ist glücklich und stolz über die Wahl ihres Gatten.

Phase 2:
Der Mutter kommen beim Anblick ihres Mannes, der das Baby im ökologisch korrekten Tragetuch gewissenhaft umherträgt, erste Zweifel.

Phase 3:
Die mütterliche Skepsis erhärtet sich beim Anblick ihres Lebensgefährten, der im Hasenkostüm lauthals »Und ganz doll mich …« singt und begleitend dazu auf einem Bein hopst und in die Hände klatscht.

Phase 4:
Die Frau sieht sich gezwungen, mit dem nächstbesten Wodka/Redbull trinkenden Bodybuilder in seinem aufgemotzten Wrangler Jeep durchzubrennen.

Taube Zunge | lat.: junior menue

Beschreibung:
Abstumpfung der elterlichen kulinarischen Sinne

Mögliche Symptome:
Jede zweite Mahlzeit schmeckt nach Spaghetti mit ohne Soße, Fischstäbchen pur, Möhrenbrei ohne Gewürze oder Pizza mit ohne alles.

Mögliche Ursachen:
Jede zweite Mahlzeit besteht aus Spaghetti mit ohne Soße, Fischstäbchen pur, Möhrenbrei ohne Gewürze oder Pizza mit ohne alles.

Einzige Chance:
Ketchup

Immer dran denken:
Andere Eltern wären froh, wenn sie so was Leckeres zu essen hätten!

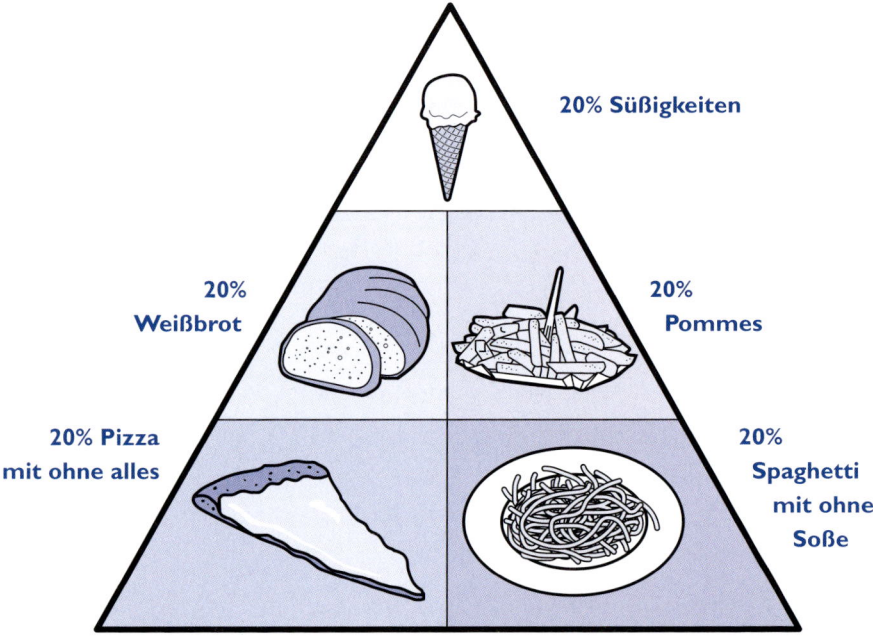

20% Süßigkeiten

20% Weißbrot

20% Pommes

20% Pizza mit ohne alles

20% Spaghetti mit ohne Soße

Telefonterror | lat.: babyphone

Beschreibung:
Die Unverträglichkeit von Telefon und Kind

Symptome:
- Beim Versuch, einen Kollegen anzurufen, an dessen Kleinkind geraten, das die Funktion des Telefonierens (schnelle Informationsübertragung) missversteht und in quälender Ausführlichkeit Wirres aus dem Kinderleben berichtet, um nach dreißig Minuten kommentarlos aufzulegen, ohne dass der eigentlich anvisierte Gesprächspartner jemals von diesem ermüdenden Zwiegespräch erfährt
- Gleich an den gewünschten Gesprächspartner geraten, der jedoch während der Konversation Parallelgespräche mit seinem heulenden/bockigen/brüllenden/bröselnden/auf dem Treppengeländer balancierenden Kleinkind führt und einem während des Telefonats unvermittelt ins Ohr brüllt: »Kevin, du SIEHST doch, dass Papa telefoniert, musst du immer dazwischenquatschen?«
- An den Anrufbeantworter geraten, der einem sehr zeitaufwendig in piepsender Kinderstimme mitteilt, dass das hier das Telefon von Steffi und Matthias und Leon und Cosima und Fips und Puschel ist und dass gerade gar keiner zu Hause ist und dass man ja nach dem Piep was draufsagen kann. Und öh.

Folgen:
Bitte warten Sie. Bitte warten Sie. Bitte warten Sie. Bitte warten Sie. Bitte warten Sie.

> **Chance:**
> Rufen Sie zu einem späteren Zeitpunkt an. Zu einem sehr viel späteren Zeitpunkt. Nämlich wenn die Kinder für immer aus dem Haus sind.

Tollwut | lat.: prima prima

Beschreibung:
Das eigene Kind bei jedem nichtigen Anlass über den grünen Klee loben

Mögliche Anlässe:
- Das Kleinkind präsentiert stolz sein erstes winziges Geschäft im Töpfchen.
- Das Kind hat ein nicht zu dechiffrierendes Krikelkrakelbild vom Kindergarten mit nach Hause gebracht.
- Das Kind bringt vom Fußball-/Hockey-/Tennisturnier eine schrabbelige, mit Alufolie überzogene Pappmedaille nach Hause.
- Das Kind hat einen zehnsekündigen Schultheaterauftritt als Fichte.

Mögliche Symptome:
- Die Augen sind weit aufgerissen.
- Die Stimme überschlägt sich.
- Das Elternteil klatscht in die Hände.

Mögliche Ausdrucksformen:
- Ganz alleine hast du das Aa gemacht? Toll!
- Du bist ja ein richtiger Picasso!
- Du wirst einmal ein Ronaldinho!
- So gut konnte Angelina Jolie das bestimmt nicht, als die sieben war!

Folgen:
Da niemand außerhalb der Familie die Leistungen des Kindes so euphorisch lobt, kommen dem Kind schon bald erste begründete Zweifel an der Glaubwürdigkeit der Eltern.

Ein typischer Auslöser elterlicher Tollwut

Tomaten auf den Augen | lat.: papavision

Beschreibung:
Väterliche Sehschwäche im Haushalt

Mögliche Symptome:
Der Vater ist außerstande, selbst einfachste Gegenstände zu erkennen, wie zum Beispiel Wäscheberge, schmutziges Geschirr, vertrocknete Blumen.

Mögliche Ursachen:
Der natürliche Jagdinstinkt des Mannes wird nur durch bewegliche Objekte ausgelöst, daher können zum Beispiel Nahrungsmittel, die das Verfallsdatum überschritten haben, erst wahrgenommen werden, wenn sich lebende Kulturen bilden, zu Gruppen formieren und den Kühlschrank selbständig in Richtung Treppenhaus transportieren.

Aussichten:
Verschwommen

Nur wenige Objekte werden vom väterlichen Sehapparat mühelos wahrgenommen.

Tote Hose I | lat.: oedi pussi

Beschreibung:

Verebben des weiblichen sexuellen Interesses nach der Geburt des gemeinsamen Kindes

Auslöser:

- Das Bewusstwerden, dass der Mann im Vergleich mit dem Baby einen Kopf hat wie ein ausgewachsener Hokkaido-Kürbis

Was kann der vernachlässigte Mann tun:

Geiler, haltloser, hemmungsloser, herrlich schmutziger Sex wird überbewertet. Genießen Sie die gewonnene Zeit mit sinnvollen Tätigkeiten wie das alphabetische Beschriften der James-Bond-DVD-Sammlung, Leergut entsorgen oder das Auto mal ordentlich durchsaugen.

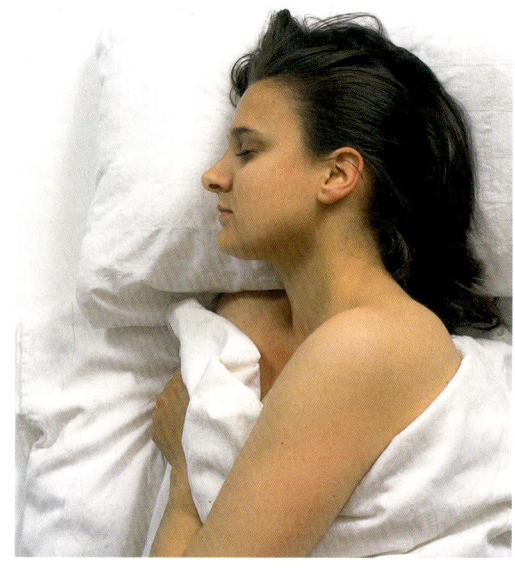

Tote Hose II | lat.: papa ante uterus

Beschreibung:
Verebben des männlichen sexuellen Interesses nach der Geburt des gemeinsamen Kindes

Auslöser:
- Der Mann hat während Geburt und Schwangerschaft den Unterleib der Frau unter völlig neuen, medizinischen Aspekten kennengelernt.
- Der Anblick des Schädels seines aus dem Uterus kommenden Kindes möchte sich bei aller Liebe nicht mehr mit den Abbildungen in Männermagazinen decken.

Was kann die vernachlässigte Frau tun:
Geiler, haltloser, hemmungsloser, herrlich schmutziger Sex wird überbewertet. Genießen Sie die gewonnene Zeit mit sinnvollen Tätigkeiten wie den Balkon begrünen, Martinslaternen basteln oder eine Foie gras zubereiten (siehe auch: Hyperaktivität).

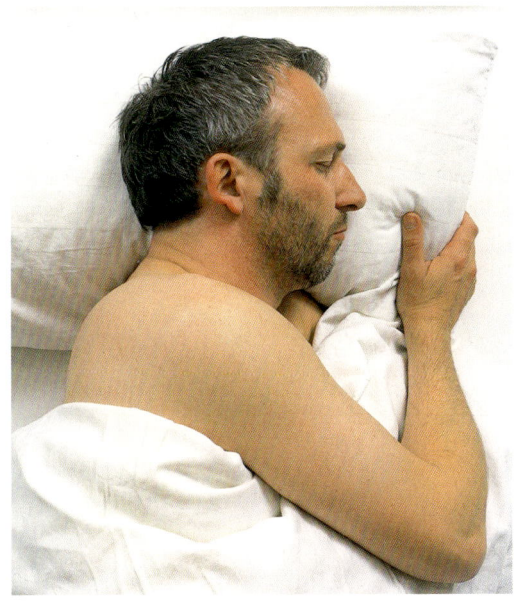

Tourette-Syndrom | lat.: oh fuck

Beschreibung:
Zwanghafter elterlicher Fluchanfall

Ursache:
Kurzzeitiges Aussetzen des elterlichen Political-Correctness-Systems

Mögliche Auslöser:
- Das Elternteil hat sich unentwirrbar in der Schlingkonstruktion des Baby-Tragesacks verheddert.
- Das Elternteil hat sich beim tagelangen komplizierten Zusammenbauen des Öko-Kinderhochbetts mit dem Hammer auf den Finger gehauen.
- Das Elternteil ist beim Gang durchs Kinderzimmer über herumliegendes Spielzeug gestolpert und kopfüber in den Kaufmannsladen gefallen.

Mögliche schlimme Ausdrucksformen:
Statt eines angemessenen elterlichen »Hoppla!«, »Hups!« oder »Upsala!« entfährt dem Elternteil ein »Scheiße!«, »Shit!«, »Holy shit!«, »Fuck!«, »Kacke!« oder »Fickkram!«.

Ist es ernst?
Verdammte Hacke, ja!

Traumreisen | lat.: illusion inclusive

Beschreibung:

Schwachsinnige Phantasie, alle familiären Urlaubswünsche in einem einzigen Ferienort erfüllen zu können

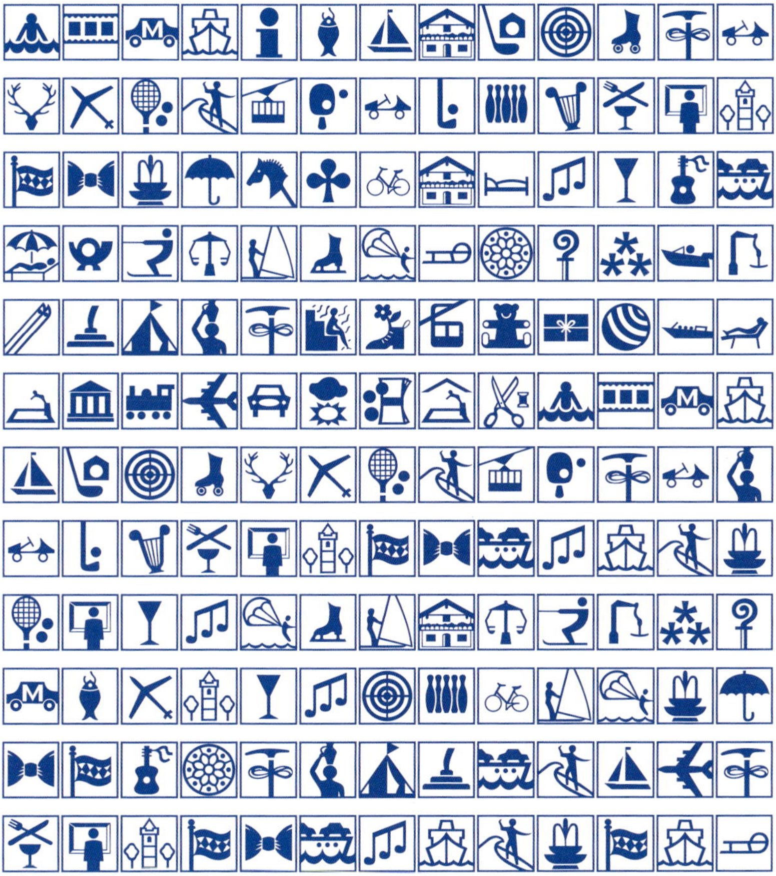

Ist es heilbar?

Ja. Gleich bei der Ankunft im Urlaubsort verschwinden alle Illusionen:

Trieblosigkeit | lat.: koitus kinderruptus

Beschreibung:
Permanente sexuelle Störung

Mögliche Auslöser:
Das wiederholte Abbrechen des Geschlechtsaktes, weil überraschend Kinder im Schlafzimmer auftauchen

Mögliche Folgen:
- Entwicklung einer Unfähigkeit zum Geschlechtsakt, weil beide Partner stets mit einem Auge zur Tür schauen
- Bei Männern entwickelt sich aus der ständigen Penis- eine allgemeine Nackensteife.
- Gesichtskrämpfe durch den abrupten Übergang von lustvoller Stöhnmimik in ein freundliches Die-Kinder-Anlächeln

Mögliche Spätfolgen:
Der Geschlechtstrieb kommt vollständig zum Erliegen und geht in einen Lesetrieb über.

Behandlung:
- Anbringen von Vorhängeschlössern
- Mieten von Zimmern in Stundenhotels
- Kastration

Trotzburg | lat.: diaspora paterna

Beschreibung:
Väterliche Verschanzung in der heimischen Toilette

Symptome:
- Der Vater hat sich mit einschlägiger Fachliteratur (Autozeitschrift, Computerfachblatt, Fußballmagazin, Männermagazin) bewaffnet.
- Der Vater ist stundenlang wie vom Erdboden verschluckt.

Auffälligkeiten:
Der Rückzug des Mannes korreliert häufig mit kommunikativen häuslichen Momenten (gemeinsames Essen, familiäres Basteln, gemütliches Beisammensein), drohenden Beziehungsdiskussionen oder anfallenden Haushaltspflichten.

Ursachen:
Sehnsucht nach Ruhe, Abgeschiedenheit und Frieden im nächstliegenden Naherholungsgebiet

Therapie:
Spülung

Tubenkatarrh | lat.: medi & zini

Beschreibung:

Aus dem ehemals Spa-ähnlichen Badezimmer ist eine voll funktionierende Säuglings-Intensivpflegestation geworden.

Symptome:

In jedem Schrank, jeder Schublade, jeder Nische, jedem Kulturbeutel befindet sich eine Ansammlung von Wundcremes und Salben.

Diagnose:

Für die Mutter kein Problem. Sie ist inzwischen dank eines gründlichen Heimstudiums promovierte Medizinwissenschaftlerin geworden. Der Vater hingegen tappt weitgehend im Dunkeln, kann aber schon nach wenigen Jahren unterscheiden zwischen »die rote Tube«, »die blaue Tube« und »die gelbe Tube«.

Gefahr:

Das Tubenmeer tritt über die Ufer des Badezimmers in das Schlafzimmer, die Küche, das Wohnzimmer, um schließlich sogar die Herrschaft über das Treppenhaus zu übernehmen.

Chance:
Verfallsdatum

Überempfindlichkeit | lat.: no comment

Beschreibung:
Elterliche Unfähigkeit, auch nur den Hauch einer Idee einer Andeutung einer Spur von möglicher Kritik zu ertragen

Reaktion:
Überempfindlichkeit? Moment mal, was heißt denn hier eigentlich Überempfindlichkeit? Das ist ja wohl nicht überempfindlich, das ist sensibel und einfühlsam. Ich möchte dich mal sehen, wenn du an meiner Stelle wärst. Das muss ich mir nun echt nicht sagen lassen. Da gibt's ganz andere. Krieg du erst mal Kinder!

Behandlung:
Entschuldigung!
Entschuldigung!
Entschuldigung!

HIER SCHMOLLT
MAMA SCHMIDT
2007-IN ALLE EWIGKEIT

*Kritik kann ein überempfindliches
Elternteil tödlich treffen.*

Übermut | lat.: mr. incredible / mrs. incredible

Beschreibung:

Vor den Kindern den Helden spielen

Mögliche Auslöser:

- Eine tellergroße, haarige Spinne sitzt im Spülbecken.
- Ein Skelett mit rot glühenden Augen kippt in der Geisterbahn nach vorne.
- Schwarze Gewitterwolken ziehen beim Spaziergang unter Weiden auf.

Mögliche Reaktionen:

Während der elterliche Körper innerlich in Todesstarre verfällt, gibt sich die äußere Hülle heiter, gelassen und der Situation gewachsen:

- »Schau mal, wie hübsch die Spinne von nahem ist, Lena!«
- »Niklas, das Skelett hat viel mehr Angst als du!«
- »Buchen sollst du suchen, Weiden, öhm, auch.«

Erfolg:

Bei der miserablen schauspielerischen Leistung der in Wirklichkeit sichtbar vor Angst schlotternden Eltern praktisch ausgeschlossen

Übersäuerung | lat.: parens vulcano

Beschreibung:

Das Elternteil sieht rot.

Verlauf:

Die Gesichtsfarbe des brodelnden Elternteils durchläuft in mehreren Stufen den gesamten RAL-Farbfächer:

1.   2.   3.   4.   5.   6.   7.   8.

1. Sauer
2. Richtig sauer
3. Jetzt aber echt sauer
4. Jetzt aber echt so was von sauer
5. Jetzt aber echt so was von stocksauer
6. Jetzt aber echt so was von stinksauer
7. Jetzt aber echt so was von supersauer
8. Jetzt aber echt so was von megasuperstinkstocksauer

Folge:

Das Elternteil explodiert.

Uhu-Syndrom | lat.: parens non dormus

Beschreibung:
Natürliches elterliches Erscheinungsbild, das sich ab etwa drei Wochen nach der Niederkunft manifestiert

Mögliche Symptome:
- Blutunterlaufene Augen
- Miesepetriger Gesichtsausdruck
- Blassgraue Haut

Mögliche Begleiterscheinungen:
- Gehäufte Fragen nach dem Befinden, gepaart mit der besorgten Feststellung: »Du siehst aber schlecht aus!«
- Schockzustand beim Betrachten des morgendlichen Spiegelbilds
- Gute Aussichten, einen Keith-Richards-Lookalike-Wettbewerb zu gewinnen

Was kann ich tun?
Durchschlafen hilft. Hehe.

Es ist eine schlechte Idee, ein Elternteil mit Uhu-Syndrom auf sein beschissenes Aussehen anzusprechen. Es ist überhaupt eine schlechte Idee, ein Elternteil mit Uhu-Syndrom anzusprechen.

Ultraschall | lat.: dolby surround

Beschreibung:
Laute Beschallung des elterlichen Trommelfells aus mehreren Richtungen

Auftreten:
- Wenn das berufstätige Elternteil nach einem anstrengenden Tag nach Hause kommt

Symptome, die gleichzeitig auftreten:
- Mit Eintritt in die Eingangstür wird das Elternteil von mehreren Kindern überfallen, die lautstark über die Ereignisse des Tages referieren, Selbstgebasteltes vorzeigen und Süßes wollen.
- Mit Eintritt in die Eingangstür wird das Elternteil von der Babysitterin überfallen, die lautstark über die Ereignisse des Tages referiert, Selbstgekochtes vorzeigt und Geld will.
- Mit Eintritt in die Eingangstür wird das Elternteil vom Hund überfallen, der lautstark über die Ereignisse des Tages referiert, ein Bächlein vorzeigt und einen Knochen will.
- Mit Eintritt in die Eingangstür wird das Elternteil von einem Telefonanruf der Schwiegermutter überfallen, die lautstark über die Ereignisse des Tages referiert, Selbstgestricktes ankündigt und Kleidergrößen wissen will.

Folge:
Trommelfellplatzen

Spätfolge:
Elternplatzen

Unruhe vor dem Sturm | lat.: pax dubiosa

Beschreibung:

Elterliches Misstrauen bei verdächtiger Stille

Mögliche Symptome:

- Erhöhter Adrenalinspiegel, Schweißausbrüche, rasender Atem der Eltern, Angstzustände
- Bohrende Fragen: »Ist mein Kind krank? Ist es verunglückt? Hat es den plötzlichen Schulkindstod erlitten? Ist es in der Gewalt von Einbrechern? Bastelt es in seinem Kinderzimmer gerade an einer Atombombe?«

Mögliche Ursachen:

Es ist seit etwa fünf Minuten leise im Haus.

Diagnose:

Beruhigenderweise handelt es sich bei circa 99 Prozent aller Panikattacken nicht um neurotische Störungen, sondern um begründete Ängste der Eltern. Nur in einem Prozent der Fälle schläft das Kind, macht Hausaufgaben oder sitzt friedlich vor seiner PlayStation. Sehr viel wahrscheinlicher ist, dass in den folgenden Minuten ein großflächiger Hausbrand oder eine verheerende Überschwemmung zu erwarten ist.

Verlauf:

Wenn das Kind einen eigenen Haushalt gegründet hat, wird die elterliche Besorgnis allmählich nachlassen.

Wissen Sie eigentlich, was Ihr Kind gerade so macht?

Urlaubsreife | lat.: club mad

Beschreibung:
Elterlicher Zustand nach dem Urlaub mit Kind

Ursachen:
- Der Versuch, sich am flachen, verregneten, kinderreichen dänischen Sandstrand zu erholen
- Der Versuch, sich am flachen, verregneten, kinderreichen Graubündner Ski-Anfängerhügel zu erholen

Warnsignale:
→ Entzündliche Striemen an Schultern, Armen und Händen vom Tragen von Kühlboxen, Sonnenschirmen, Luftmatratzen, Luftkissenbooten, Handtuchbergen, Eimerchen, Schäufelchen und einem brüllenden, rot glühenden Kleinkind mit Sand in der Badehose
→ Entzündliche Striemen an Schultern, Armen und Händen vom Tragen von Kinderskiern, Skistöcken, Snowboards, Skischuhen, Skibrillen, Mützen, Schals, Handschuhen, Rucksäcken und einem brüllenden, blau gefrorenen Kleinkind mit Pipi in der Schneehose
→ Kinderlärm ab 5.30 Uhr, Frühstück ab 7.00 Uhr, volles Programm zwischen 7.30 Uhr und 20.30 Uhr, ermattet im Stockbett einschlafen gegen 20.45 Uhr, während in den Nachbarbungalows ausufernde Singlepartys steigen

Komplikationen:
Zeit für Gefühle

Folgen:
Nachlassende Entspannung, schwindende Heiterkeit und zunehmende Augenringe von Urlaubstag zu Urlaubstag

Was kann ich tun?
Zu Hause bleiben, die Urlaubssaison meiden

Vater-Kind-Kur | lat.: maxi cosy

Beschreibung:

Heilsamer und erholsamer Zustand, der eintritt, wenn die Mutter mal für eine kurze Zeit abwesend ist

Verlauf in mehreren Stadien:

1. 2. 3.

4. 5. 6.

7. 8. 9.

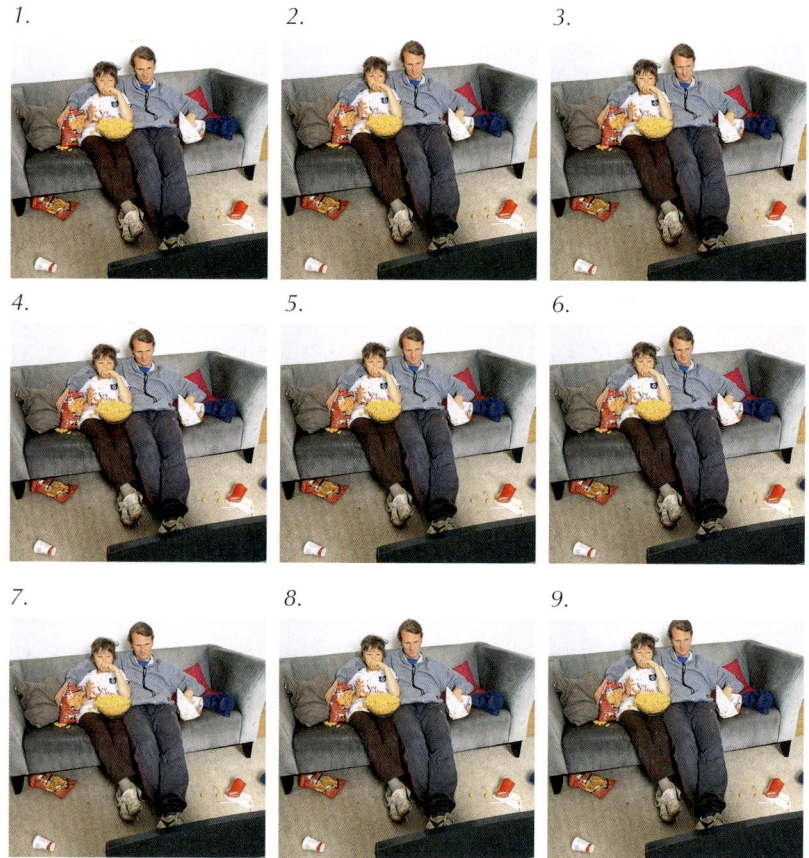

Diagnose:

Prime Time

Sendeschluss:

Schlagartig, sobald die Mutter nach Hause kommt

Verdünnisierung | lat.: vater morgana

Beschreibung:
Der durch Abwesenheit glänzende Vater

Mögliche Symptome:
- Der Vater erfährt zeitgleich mit der Geburt des Kindes einen ungeahnten Karriereschub, der ihn zwingt, abendliche Überstunden im Büro bei »Second Life« abzuarbeiten.
- Der Vater bietet sich samstagmorgens selbstlos an, den kompletten Wocheneinkauf zu übernehmen, ist daraufhin fünf Stunden vom Erdboden verschluckt, um bei Einbruch der Dunkelheit mit einem Liter Milch, einem Viererpack Actimel und einer SportBild unterm Arm im Heimathafen aufzuschlagen.
- Der Vater mutiert zum passionierten Allroundsportler, der an jedem Marathon, jedem Triathlon, jedem Ironman teilnimmt und sich in jeder freien Minute gewissenhaft darauf vorbereitet.

Ist es ansteckend?
Wie denn, auf die Entfernung?

Chance:
Das Kind hat das Elternteil bis zum Mond und noch viel weiter lieb.

Verdünnisierte Väter sind auch mit einem starken Teleskop schwer zu lokalisieren. Häufig befinden sie sich jedoch irgendwo zwischen dem Großen Wagen und der Kleinen Kneipe.

Verfolgungswahn | lat.: mamakomma!

Beschreibung:

Mütterliche Erkrankung: unaufhörlich laute, wiederholte Mama-Rufe hören

Auftreten:

Wenn die Mutter auf der Toilette sitzt, wenn sie unter der Dusche steht, wenn sie ihre Zehennägel gerade lackiert, wenn sie ein wichtiges Telefonat führt, wenn sie etwas aus dem Keller holt, wenn sie ganz hinten im Garten die Hecke schneidet, wenn ihre Hände gerade voller Teigmasse sind, wenn ihr gerade ein Marmeladenglas auf dem Küchenboden zerschellt ist, wenn sie hektisch an der Supermarktkasse ihre Tüten einpackt, wenn sie mit hundertachtzig auf der Autobahn fährt, wenn sie – ach, eigentlich immer

Erscheinungsformen:

◀ Mamaaa!

◀ Mamaaaaaaaaaa!

◀ Mamaaaaaaaaaaaaaaaaaaaaaa!

◀ Mamaaaaaaaaaaaaaaaaaaaaaaaaaaaaaaaa!

◀ Mamaaaaaaaaaaaaaaaaaaaaaaaaaaaaaaaaaaaaaaaaaaaa!

◀ Maaaaaaaaaaaaaaaaaaaaaaaaaaaaaaaaaaaaaaaaaaaaaaaaaaaaaaaa aaaaaaaaaaaaaaaaaaaaaaaaaaaaaaaaaaaaaaaaaaaaaaaaaaaaaaaaaaaaaa aaaaaaaaaaaaaaaaaaaaaaaaaaaaaaaaaaaaaaaaaaaaaaaaaaaaaaaaaaaaaa aaaaaaaaaaaaaaaaaaaaaaaaaaaaaaaaaaaaaaaaaaaaaaaaaaaaaaaaaaaaaa aaaaaaaaaaaaaaaaaaaaaaaaaaaaaaaaaaaaaaaaaaaaaaaaaaaaaaaaaaaaaa aaaaaaaaaaaaaaaaaaaaaaaaaaaaaaaaaaaaaaaaaaaaaaaaaaaaaaaaaaaaaa aaaaaaaaaaaaaaaaaaaaaaaaaaaaaaaaaaaaaaaaaaaaaaaaaaaaaaaaaaaaaa aaaaaaaaaaaaaaaaaaaaaaaaaaaaaaaaaaaaaaaaaaaaaaaaaaaaaaaaaaaaaa aaaaaaaaaaaaaaaaaaaaaaaaaaaaaaaaaaaaaaaaaaaaaaaaaaaaaaaaaaaaaa aaaaaaaaaa!

Folgen:

◀ Jaaaa! Ich komm ja schon!

Verstopfung | lat.: casa messi

Beschreibung:
Chronische Anhäufung von Dingen, die den heimischen Eingang blockieren

Typische Symptome:
- In Treppenhaus und Flur sammeln sich lehmverkrustete Kinderschuhe, Fußbälle, Hockeyschläger, Papierflieger, Kastanien, Zweige, Äste, Baumstämme.
- Starkes Pressen ist erforderlich, um den Hauseingang zu passieren.
- Der Durchgang wird selten und nur unter Mühen entleert.

Typische Ausdrucksformen:
- »Wie sieht's denn hiiier wieder aus?«
- »Sind wir hier eigentlich bei den Hottentotten?«
- »Ich zähl bis zehn. Was dann nicht weg ist, kommt in den Müll!«

Behandlung:
Bei hartnäckiger Verstopfung kann ein ordentlicher Einlauf Wunder wirken.

Komplikation:
Die Anwendung wirkt nur lokal, mit hoher Wahrscheinlichkeit wird sich die Verstopfung lediglich auf Wohn-, Ess- und Schlafbereich verlagern.

So!

Vorführeffekt | lat.: parens roncalli

Beschreibung:
Das Präsentieren der sensationellen, spektakulären, unglaublichen Eigenschaften des eigenen Kindes

Mögliche Auslöser:
- Interessiertes, mittelinteressiertes oder vollkommen desinteressiertes Publikum

Mögliche Ausdrucksformen:
- »Nico, erzähl unserem Nachbarn doch mal, was du in der letzten Mathearbeit gekriegt hast!«
- »Carl, du nimmst doch sicher wie immer Sushi.«
- »Bruno, wie ging gleich noch die englische Nationalhymne?«
- »Fredi, Oma will bestimmt wissen, mit wie vielen Stimmen du zum Klassensprecher gewählt worden bist.«
- »Mika, zeig mal dem Bäcker, wie gut du Purzelbaum kannst!«

Komplikationen:
Das Zirkuskind fährt seinen Eltern in die Parade und gebärdet sich unter den Augen der Zuschauer plötzlich wie ein durchschnittlich begabter, Pommes essender, bockiger, mundfauler, unsportlicher, stinknormaler Rotzlöffel.

Folgen:
Klappe zu, Affe krank, morgen wieder eine Vorstellung

Vorsichtigkeit | lat.: ogottogott

Beschreibung:
Übertriebene Ängstlichkeit von Eltern

Symptome:
Die Rutsche ist zu hoch, die Schaukel ist zu schnell, der Sandkasten ist zu dreckig, das Eis ist zu kalt, die Steckdosen sind zu niedrig, die Tischkante ist zu spitz, die Treppe ist zu steil, das Wasser ist zu tief, die Sonne ist zu heiß, der Weg ist zu weit, die Babysitterin ist zu fremd, der Fernseher ist zu laut, der Rauch ist zu viel, die Musik ist zu wild, die Lehrerin ist zu streng, der Lehrer ist zu lasch, die Jacke ist zu dünn, die Mütze ist zu dick, die Stirn ist zu heiß, die Stirn ist zu kalt.

Risiken:
Überall!

Maßnahmen:
Das Kind in Watte packen

Aber Achtung:
Auch Watte kann ins Auge gehen!

Wiederholungszwang | lat.: nervnervnervnervnervnervnerv

Beschreibung:
Mütterlicher Erziehungsversuch mit Hilfe konsequenten und lauten Repetierens von Aufforderungen

Mögliche Ausdrucksformen:
Stella, leg bitte den Lolli ins Regal zurück.
Stella, leg bitte den Lolli ins Regal zurück.
Stella, leg bitte den Lolli ins Regal zurück.
Stella, leg bitte den Lolli ins Regal zurück.
Stella, leg bitte den Lolli ins Regal zurück.
Stella, leg bitte den Lolli ins Regal zurück.
Stella, leg bitte den Lolli ins Regal zurück.
Stella, leg bitte den Lolli ins Regal zurück.
Stella, leg bitte den Lolli ins Regal zurück.
Stella, leg bitte den Lolli ins Regal zurück.
Stella, leg bitte den Lolli ins Regal zurück.
Stella, leg bitte den Lolli ins Regal zurück.
Stella, leg bitte den Lolli ins Regal zurück.
Stella, leg bitte den Lolli ins Regal zurück.

Reaktion:
Stella legt den Lolli nicht ins Regal zurück.

Begleiterscheinungen:
- Die Nerven aller in der inzwischen kilometerlangen Kassenschlange anstehenden Kunden sind zum Bersten gespannt.
- Die Kassiererin brütet mit festgefrorenem Lächeln ausschweifende Mordphantasien aus.
- Die deutsche Geburtenrate sinkt von 1,3 Kindern pro Kopf auf 0 Kinder pro Kopf.

Konsequente Folge:
Wir bleiben jetzt so lange an dieser Kasse, bis du den Lolli ins Regal zurücklegst.

Wirtschaftswunde | lat.: parens blanca

Beschreibung:
Schmerzliche finanzielle Belastungen, die durch die Elternschaft verursacht werden

Soll:
Ausgaben in Höhe des Gesamtbruttojahreseinkommens von Liechtenstein

Haben:
Ein zahnloses Lächeln

Gesamtsaldo:
Man kriegt ja so viel zurück!

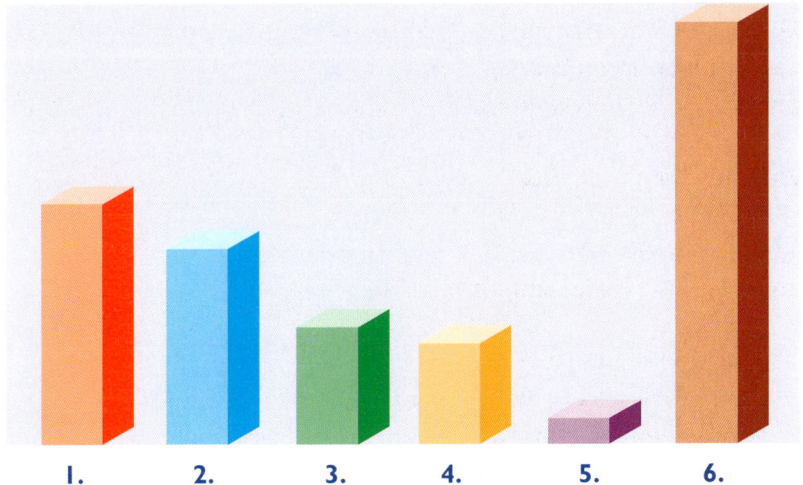

1. Schuldenberg von Berlin: 3,12 Milliarden Euro
2. Scheidung des russischen Milliardärs Abramowitsch 1,5 Mrd. Euro
3. Baukosten »Taipeh 101«, teuerster Wolkenkratzer der Welt: 1,3 Mrd. Euro
4. Kosten für den Wiederaufbau der Twin Towers: 243.866.040 Euro
5. Ablösesumme für Zidane beim Wechsel zu Real Madrid: 76 Mio. Euro
6. Durchschnittliche monatliche Belastung einer Familie mit zwei Kindern: unschätzbar hoch

Wundstarrkrampf | lat.: baby nonplusultra

Beschreibung:

Unaufhörliches, verliebtes Anstarren des eigenen, perfekten, spektakulären, einzigartigen neugeborenen Kindes

Ursachen:

- Die winzigen Fingerchen
- Die winzigen Öhrchen
- Die winzigen Füßchen
- Die winzigen Grübchen
- Das winzige Lächeln
- Das winzige Bäuerchen

Symptome:

Die berauschten Eltern sitzen stundenlang mit aufgerissenen Augen und verzücktem Lächeln vor Wiege, Wippe, Stubenwagen oder Gitterbett und gucken, als habe man ihnen halluzinogene Pilze verabreicht.

Folgen:

- Schlimme Krämpfe in den Augäpfeln
- Schlimme Krämpfe in der Wangenmuskulatur
- Schlimme Krämpfe im gesamten Bekanntenkreis

Zeckenbisschen | lat.: memmingitis

Beschreibung:
Elterliche Sommerhysterie

Gehäuftes Auftreten:
Bei der Planung des Schwarzwaldsurlaubs, der Einreise nach Schweden, dem Betreten der städtischen Grünanlagen

Auslöser:
Ein winzig kleiner schwarzer Punkt auf dem kindlichen Körper

Überreaktion:
Zweistündige mikroskopische, fachkundige Hautanalyse unter einer 40-Watt-Funzel mit Hilfe des gesamten Hausapothekenbestecks und unter hochmotivierter Beteiligung beider Elternteile

Diagnose:
Ein winzig kleiner schwarzer Punkt auf dem kindlichen Körper

Zeitschiene | lat.: mama vielofax

Beschreibung:
Vollgestopfter jungmütterlicher Terminplan, der in seiner Komplexität die Agenda der Bundeskanzlerin übertrifft

Mögliche Symptome:
- Während die junge Mutter scheinbar untätig dem schlummernden Baby zuschaut, am zehnten Grande Latte Macchiato Caramel Decaf To Go nippt und die »Gala« liest, arbeitet sie insgeheim einen logistischen Masterplan ab.
- Simple Beschäftigungen wie Stillen, Füttern, Wickeln, Schlafen, Spielen, Baden, Spazieren werden minutiös geplant und auf die Nanosekunde generalstabsmäßig ausgeführt.
- Post-its am Kühlschrank, an der Haustüre, am Kinderwagen, am Still-BH (11.30 Uhr linke Brust! 14.30 Uhr rechte Brust!) begleiten den mütterlichen Alltag.
- Ein zeitverzögertes Bäuerchen, ein unangekündigter Windelwechsel, ein vorzeitig beendeter Mittagsschlaf führen unweigerlich zum Systemkollaps der gesamten familiären Jahresplanung.

Gefahren:
Der ahnungslose Kindsvater schlägt einen spontanen Spaziergang vor, ohne beizeiten (zwei Kalenderwochen im Voraus) einen Termin mit der Mutter abgemacht zu haben.

Und am Abend sieht man wieder gar nicht, was Mütter alles geleistet haben!

```
            Eis-Café Bruno
                 ◦◠◦
          Eppendorfer Weg 777
             20259 Hamburg
           Tel.: 040/201196

   Rechnung
   Tisch 4
   ........................................

   7 x Caffè Latte                    2.10
   ........................................
   Netto                             12.03
   Mwst. 19%                          2.67
   Total                             14.70

      Vielen Dank für Ihre Besuche!
```

Zeitstraffer | lat.: fast forward

Beschreibung:
Elterliches Gefühl, dass die Kinder ja soooo schnell groß werden

Typische Symptome:
- Das Elternteil steht seufzend zwischen den niedlichen hellblauen und rosafarbenen Frotteehemdchen Größe 84-116 in der Kleinkinderabteilung von H&M, um sich dann schweren Herzens zur Teenager-Fashion-Ecke zu schleppen und dort ein schwarzes, ausgefranstes T-Shirt mit Totenschädel und der Aufschrift »Death Pirate« oder ein pinkfarbenes, mit Pailletten besetztes Tanktop mit dem Aufdruck »Sex Bomb« zu kaufen.
- Das Elternteil steht im Kino seufzend vor der Ankündigung von »Petterson und Findus«, um dann widerwillig und miesepetrig »einmal Erwachsener und einmal Kind« für »Armee der Finsternis Reloaded« zu bestellen.
- Das Elternteil steht seufzend vor dem Kinderbettchen, dem Kinderstühlchen und dem Kindertischchen mit den niedlichen Sandmännchen-Aufklebern, die es auf den Flohmarktstapel getürmt hat, um im Jugendzimmer Platz für das zwei mal zwei Meter große Professional-12-Spur-High-End-Techno-Synchron-Mischpult-System zu machen.

Verlauf:
Rasend

Einzige Chance:
Enkelkinder

Zurschaustillen | lat.: mopsus bohei

Beschreibung:
Tamtam ums Stillen

Verlauf:
- Die Mutter schaut beim Abendessen im Bekanntenkreis wichtigtuerisch auf ihre Armbanduhr und wundert sich: »Komisch, Mark-Oliver müsste eigentlich längst mal wieder andocken.«
- Die Mutter macht alle Umstehenden darauf aufmerksam, dass in diesem Augenblick die Milch einschießt, und unterstreicht diesen großen Moment durch das Vorzeigen zweier feuchter Flecken.
- Die Mutter packt unter großem Getöse ihre im Still-BH eingelegten Riesenbrüste aus und sagt: »Tja. Drei Nummern größer. Doppel-D.«
- Die Mutter zerrt das verblüffte Kind aus dem Tiefschlaf und legt es an die linke Brust: »Gell, Mark-Oliver, hmmm, das schmeckt dir!«
- Die Mutter legt das wieder eingeschlafene und nicht die Bohne hungrige Kind nun an die rechte Brust: »Jaha, du kleiner Nimmersatt, du weißt, was gut ist! Also, der saugt mich noch mal leer, der kleine Feinschmecker!«
- Nachdem das Kind bis unter die Halskrause abgefüllt ist, kommentiert die Mutter die nun aufgetragenen Speisen: »Zwiebeln? Geh mir weg damit! Davon müssen wir die ganze Nacht pupsen, gell, Mark-Oliver? Erdbeeren? Davon kriegt Mark-Oliver einen total wunden Popo. Ooooh, nee, Tomaten! Geht gar nicht. Habt ihr zufällig Kümmel-Fenchel-Anis-Tee da?«
- Nach beendeter Vorführung packt die Mutter Brust und Kind ein, legt ihren Kopf lauschend an den zum Bersten gefüllten Mark-Oliver und ruft freudig in die Runde: »Na, da knattert aber jetzt ganz schön was!«

Chance:
Abstillen

Zwergfell | lat.: hihi haha hoho

Beschreibung:

Elterliche Anstrengung, auch den unwitzigsten Kinderwitz mit schallendem Gelächter zu quittieren

Mögliche Nichtauslöser:

- Moment, öhm... genau: kommt ne Mohrrübe angeflogen, und da trifft sie plötzlich einen Hubschrab - schrab - schrab!
- Häschen fragt beim Bäcker: » Hattu Möhrchen? « Der Bäcker: » Nö! « Dann das Häschen: » Mutta welche kaufen! «
- Ein Blatt kommt über die Straße, weil der was kaufen will, dann wird der überfahren, also von einem Auto, dann kommt ein anderes Blatt, und dann gehen sie nämlich zum Bäcker.

Sehr, sehr seltene elterliche Reaktionen:
- Seitenstechen
- In die Hose machen
- Nach Luft japsen
- Brüllen
- Sich wegschmeißen

Folgen:

Kinderwitze foltern Eltern über einen langen Zeitraum und werden dann von nicht minder drögen Jugendlichenwitzen abgelöst.

Notfälle im Alltag

Im Alltag mit Eltern geschehen immer wieder Unfälle, weil Eltern von Natur aus neugierig und sich nicht aller Gefahren bewusst sind. Zum Glück handelt es sich dabei meist um Bagatellverletzungen, die sich mit Zuspruch und einem Piccolo verarzten lassen, wie ein aufgeschürftes Knie vom Brei-Aufwischen auf dem Boden, eine Schnittwunde vom Möhrchenraspeln oder ein Steißbeinbruch vom Hüpfballspringen.

Bei Notfällen im Alltag mit Eltern kommt es darauf an, dass wenigstens die Umstehenden einen kühlen Kopf bewahren. In diesem Kapitel finden Sie die wichtigsten Erste-Hilfe-Maßnahmen, um gebeutelten Elternteilen schnell und wirksam unter die klatschnassen Arme greifen zu können.

Fremdkörper

Eltern finden nach dem morgendlichen Aufwachen häufig Fremdkörper wie Bügelperlen, Playmobilmännchenhelme und Spielfiguren in Körperöffnungen wie Nase, Mund oder Ohr.

Typische Anzeichen:
- Das Elternteil fasst sich hysterisch hustend an den Hals.
- Das Elternteil schreit wild fuchtelnd Unverständliches (»Diklas, dibb deided Didja-turtle aus beider Dase!«).

Erste Hilfe:
→ Wenn das Elternteil hustet, ermuntern Sie es, weiterzuhusten, und unterbrechen Sie es nicht, bevor das gesamte Bügelperlensortiment Multicolor vollzählig abgehustet ist.
→ Zählen Sie alle Playmobilkleinteile in der kindlichen Spielzeugkiste. Fehlt eines, schauen Sie im Rachenraum des Elternteils nach.
→ Klopfen Sie dem Elternteil mit der flachen Hand zwischen die Schulterblätter, bis der Ninja-Turtle von alleine aus dem betroffenen Nasenloch fällt und das Elternteil wieder in der Lage ist, sich mit geballter Faust zu wehren.

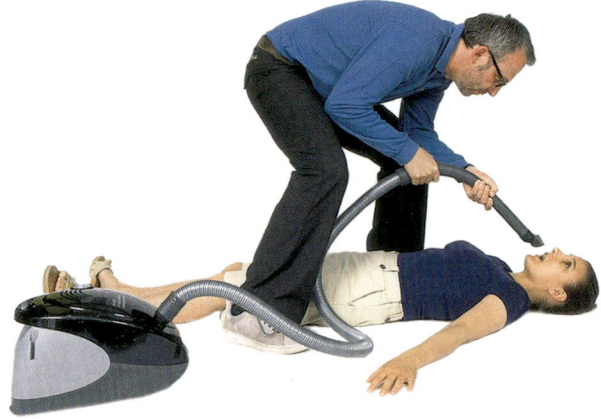

In hartnäckigen Fällen hilft nur die Totalabsaugung auf höchster Saugstufe. Achtung: Vergewissern Sie sich vorher, dass alle inneren Organe des Elternteils gut befestigt sind.

Frostbeulen

Langes, bewegungsloses Herumstehen neben Kinderrutsche, Pferd-chenwippe, Abenteuerhäuschen, Autoreifenschaukel und Sandkasten kann für das Elternteil lebensbedrohlich werden.

Symptome:

- Nach einer Stunde starrem Sitzen auf einer klammen Bank im Flie-genpilzhäuschen sinkt die Körpertemperatur unter null Grad.
- Fingerkuppen und Hirn sind blutleer.
- Nasenspitze und Lippen verfärben sich indigo.
- Auf der Reiswaffeldose bilden sich Eisblumen.
- Das Elternteil beginnt, in der Sprache der Inuit zu sprechen.

Erste Hilfe:

➜ Lösen Sie das Elternteil vorsichtig von der Sitzfläche. Transportieren Sie es auf dem Bobbycar nach Hause (gut vertäuen!). Ziehen Sie ihm die Kleider aus, und legen Sie sich mit ihm schnellstmöglich ins Bett, um es mit Ihrer Körperwärme aufzutauen.

Bringen Sie das unterkühlte Elternteil schnellstmöglich in die stabile Löffel-chenlage!

Schock!

Eltern reagieren auf harmlose Alltagssituationen oft mit einer heftigen Überreaktion, die für alle Beteiligten lebensbedrohlich werden kann.

Harmlose Auslöser:

- Das Kind ist im Winterschlussverkauf unter dem Grabbeltisch mit der Verona-Pooth-Dessous-Kollektion verschüttgegangen.
- Das Kind ist mit seinen Skiern auf die schwarze Piste geraten.
- Das Kind hat das Spielbällchen des Nachbar-Pitbulls in der Hand.

Mögliche Reaktionen:

- Der Herzschlag des Elternteils gleicht einem Acid-Technostück.
- Augen und Mund des Elternteils sind aufgerissen (»Edward-Munch-Syndrom«).
- Das Elternteil rudert wild mit den Armen, schreit und macht alle Umstehenden komplett verrückt.

Erste Hilfe:

➔ Machen Sie dem Elternteil sanft klar, dass das verschüttete/verlorene/bedrohte Kind schon längst wieder Kaugummi kauend an der elterlichen Seite steht und sich wegen seines schreienden und fuchtelnden Elternteils in Grund und Boden schämt.

➔ Machen Sie den Umstehenden sowie Polizei, Feuerwehr, Sanitätern, Grenzschutzbeamten und der hinzugerufenen Presse sanft klar, dass es hier nichts zu sehen gibt außer einem Elternteil, das sich nun auch in Grund und Boden schämt.

Eine warme Decke sorgt dafür, dass das geschockte Elternteil verschwinden kann, ohne noch mehr Aufsehen zu erregen.

Vergiftungen

Kurze Freiheitsmomente führen bei Eltern immer wieder zu Vergiftungen. Verlockend sind für sie bunte Flüssigkeiten in Flaschen, aber auch giftige Pflanzenteile (Tabakblätter, Hanf, Gras, Pilze). Die Anzeichen einer Vergiftung sind unterschiedlich. Holen Sie in jedem Fall ärztlichen Rat ein.

Typische Zeichen:
- Das Elternteil nutzt auf dem Nachhauseweg die gesamte Breite des Bürgersteigs aus und torkelt kichernd mit dem falschen Partner nach Hause.
- Es grölt in schiefer Tonlage »Life is life« und unterstreicht seinen Gesang mit unrhythmischem Klatschen.
- Es erweist sich als vollkommen unfähig, Türschloss und Schlüssel zu koordinieren.

Erste Hilfe:
→ Anton um 5.30 Uhr

Zweite Hilfe:
→ Anna um 6.45 Uhr

Dritte Hilfe:
→ Alka-Seltzer um 7.30 Uhr

Ein leichter Schlag auf den Hinterkopf wird die vergiftete Stimmung nicht retten, aber das Elternteil rasch ernüchtern.

Zusammenstauchungen

Oft muss das Elternteil aufgrund nichtigster Anlässe ungerechtfertigte Vorwürfe von Außenstehenden einstecken, zum Beispiel, wenn das Kind mit dem BMX-Rad eine Rentnerin über den Haufen fährt, den Lederfußball durch die nachbarliche Fensterscheibe donnert oder sonntags mit dem Skateboard einen Fat Olli aufs Wohnzimmerparkett legt. Je nach kindlichem Vergehen reicht das Zusammenstauchen vom leichten Anschiss bis zum groben Zusammenfalten des Elternteils.

Beschwerden:
Hagelt es von allen Seiten!

Typische Zeichen:
- Der Elternhals schwillt an.
- Die Elterngalle läuft über.
- Das Elternteil kocht vor Empörung über die ungerechte, verständnislose, unsoziale deutsche kinderfeindliche Umwelt.

Erste Hilfe:
→ Eine Zusammenstauchung ist immer schmerzlich, aber keine ernste Sache. Bringen Sie das verletzte und beleidigte Elternteil schnell wieder in die stabile Gemütslage und versorgen Sie es mit Streicheleinheiten.

Ein kaltes Bier oder ein warmes Teechen lindern den seelischen Schmerz und die Angst vor nachbarlichen Racheakten.

Was tun im Notfall? | Die Erste Hilfe-Handlungskette:

Bewahren Sie Ruhe und eine ernste Miene.

Verschaffen Sie sich Überblick über den Schlamassel,
in den sich das Elternteil selbst gebracht hat.

Befreien Sie das Elternteil aus der Notfallzone bzw.
befreien Sie gegebenenfalls die Notfallzone vom Elternteil.

Sprechen Sie das Elternteil an. Wenn es weder auf zarte Sticheleien
noch grobe Beleidigungen, noch Kitzeln reagiert, ist es bewusstlos.

Rufen Sie laut Hilfe, um alle Umstehenden auf das Elternteil
aufmerksam zu machen – falls das Elternteil dieses nicht schon
längst selbst unfreiwilligerweise geschafft hat.

Suchen Sie unter den Schichten von Allwetterkleidung,
Verpflegungsrucksäcken, Bioläden-Einkäufen, H&M-Tüten und
Spielplatzzubehör den Puls des Elternteils.

Wenn dieser unter 180 ist, informieren Sie die 112:
Was ist passiert? (verletzter Stolz, angeknackstes Selbstbewusstsein,
gebrochenes Herz, runtergeschluckte Bemerkungen, o.Ä.)
Wie viele Elternteile (Erzieher, Freunde, Kollegen,
Passanten) sind betroffen?

Falls die 112 echt was Wichtigeres zu tun hat,
holen Sie Hilfe beim KIKA-Kummerkasten.

Außer-Haus-Apotheke | Was in keiner Handtasche fehlen darf

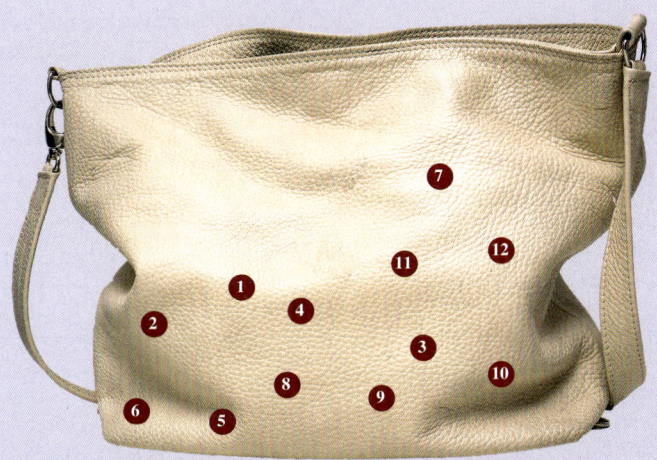

1. Überreife Banane
2. Zerknitterte Familienpackung Taschentücher
3. Zwiebackbrösel
4. Playmobilmännchenkopf
5. Mit dem Handtaschenfutter fest verklebtes Hustenbonbon
6. Durchgerissenes Panini-Fußballsammelbildchen Nummer 43
7. Sandiger Schnuller
8. Oxidierte Apfelschnitze
9. Abgelaufene Rescue-Remedy-Tropfen
10. Eine linke Stoppersocke
11. Angeknabberte Sanddornfruchtschnitte
12. Ein vom Kind gebasteltes, unidentifizierbares Keine-Ahnung-was

Sicherheit im Elternhaus

Die Küche ist ein Ort, an dem Eltern sich besonders gerne aufhalten und treffen. Aber Obacht: Gerade deshalb passieren hier auch die meisten Unfälle, denn der Gefahrenherd lodert stets. Überprüfen Sie Ihre Küche darum sorgfältig auf gefährliche Zonen!

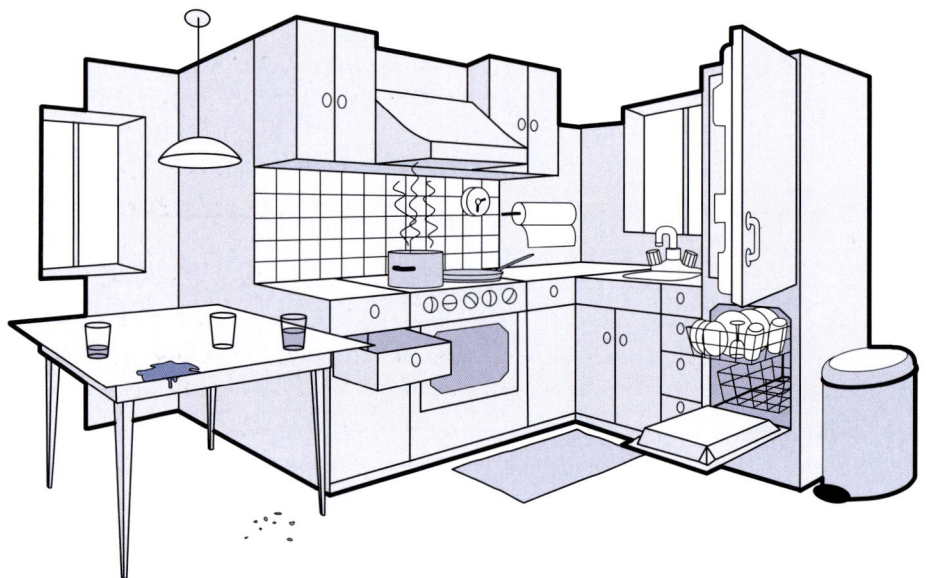

- Lassen Sie Eltern niemals ohne Begleitung an die Spülmaschine, da sie dazu neigen, sich über das Einräumsystem und die Glaubensfrage »Vorspülen oder nicht?« aufs Blut zu bekämpfen, und es bei diesen Gefechten zu gefährlichen Überflutungen kommen kann.
- Halten Sie die Eltern von kochenden Substanzen fern. Schon beim Aufgießen eines Teebeutels (Vater) wird der zwangsläufig folgende Streit, wer nachher den ganzen Dreck mal wieder saubermachen muss (Mutter), selbst abgebrühte Eltern so zum Brodeln bringen, dass Brandwunden die Folge sind.

- Beim Aufwischen von Krümeln und Breiklecksen unterm Tisch stoßen krabbelnde Eltern sich häufig an spitzen Tisch- und Stuhlkanten und ziehen sich so gefährliche Kopfverletzungen zu. Sichern Sie daher alle spitzen Kanten mit Pflaster und Mullbinden oder speziellen elternsicheren Stoßdämpferecken.
- Bei dem vergeblichen Versuch, Karamellbonbons, Käse-Nachos und Snickers-Familienpackungen möglichst hoch im obersten Küchenregal – außer Reichweite ihrer Kinder – zu verwahren, sowie beim Wiederherunterholen dieser Genusswaren, um den eigenen fernsehabendlichen Heißhunger zu sättigen, brechen Eltern sich oft Genick oder Kreuz. Halten Sie daher alle Leitern und Stuhlpyramiden von ihnen fern.
- Eltern sollten im Essbereich auf ausreichende Sicherheitsbekleidung achten. Fliegende Breilöffelchen, Plastiktellerchen und Brokkoliröschen können leicht ins Auge gehen.
- Obacht: In der harmlosen Frage »Schatz, bist du so lieb und stellst den Müll raus?« steckt bei nicht sofortiger Befolgung hochexplosiver Sprengstoff, der sich vom kleinen Krisenherd in Sekunden zu einem elterlichen Beziehungsgroßflächenbrand ausweiten kann.
- Halten Sie Fernsehgeräte vom Essenstisch fern. Kindliches Hinunterschlingen von liebevoll zubereiteten Speisen (»In wie viel Sekunden kommt ›Wissen macht Ah!‹, Mama?«) kann die elterliche Stimmung am Abendessentisch erst zum Kippen und dann zum Totalabsturz bringen.
- Beim Essen umgestoßene kindliche Apfelsaftgläser führen regelmäßig zu elterlichen Schnittwunden oder unlösbarem Verkleben der elterlichen Unterarme mit dem Esstisch.
- Drehen Sie den Stiel von Töpfen und Pfannen nach hinten – in Extremsituationen (zum Beispiel: Ein falsches Wort ist gefallen) braten stark gereizte Eltern sich damit gelegentlich eins über.
- Halten Sie bei hochexplosiver Stimmung einen Feuerlöscher oder eine Brandschutzschmusedecke parat.

Größenentwicklung der Eltern in den ersten zwölf Jahren

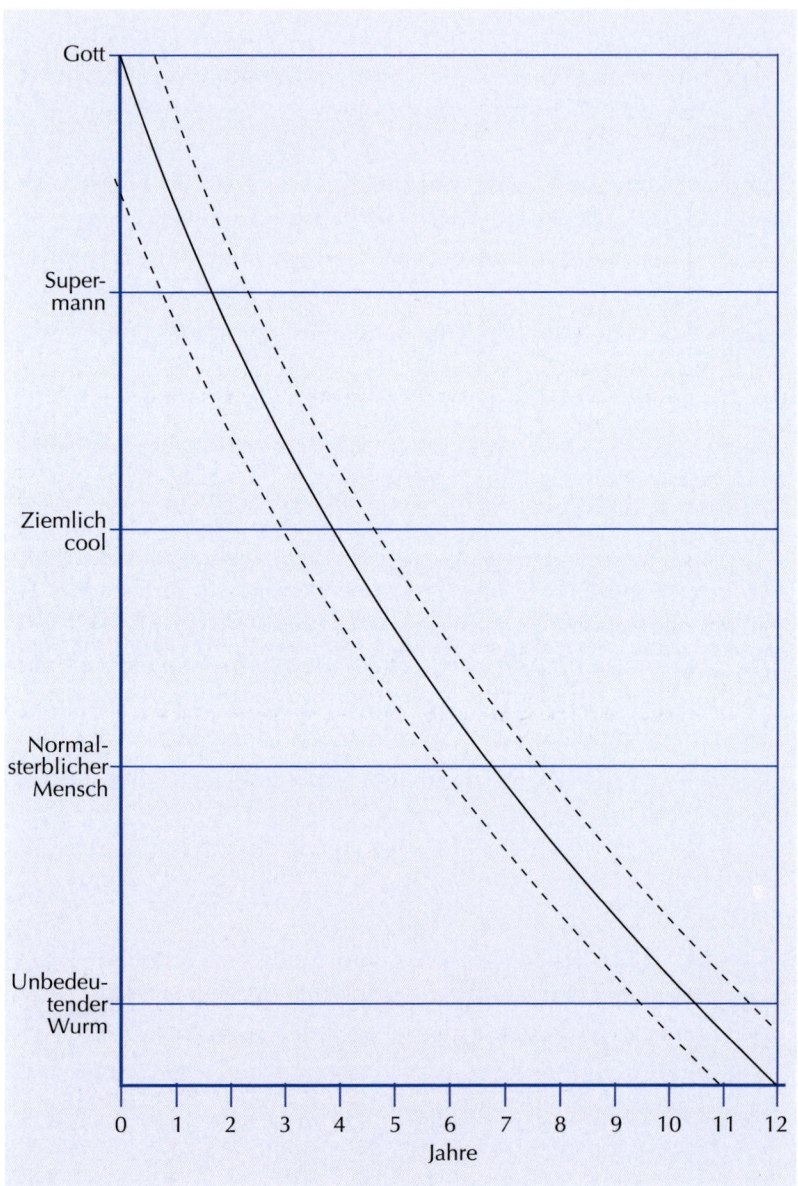

Gewichtsentwicklung der Eltern in den ersten zwölf Jahren

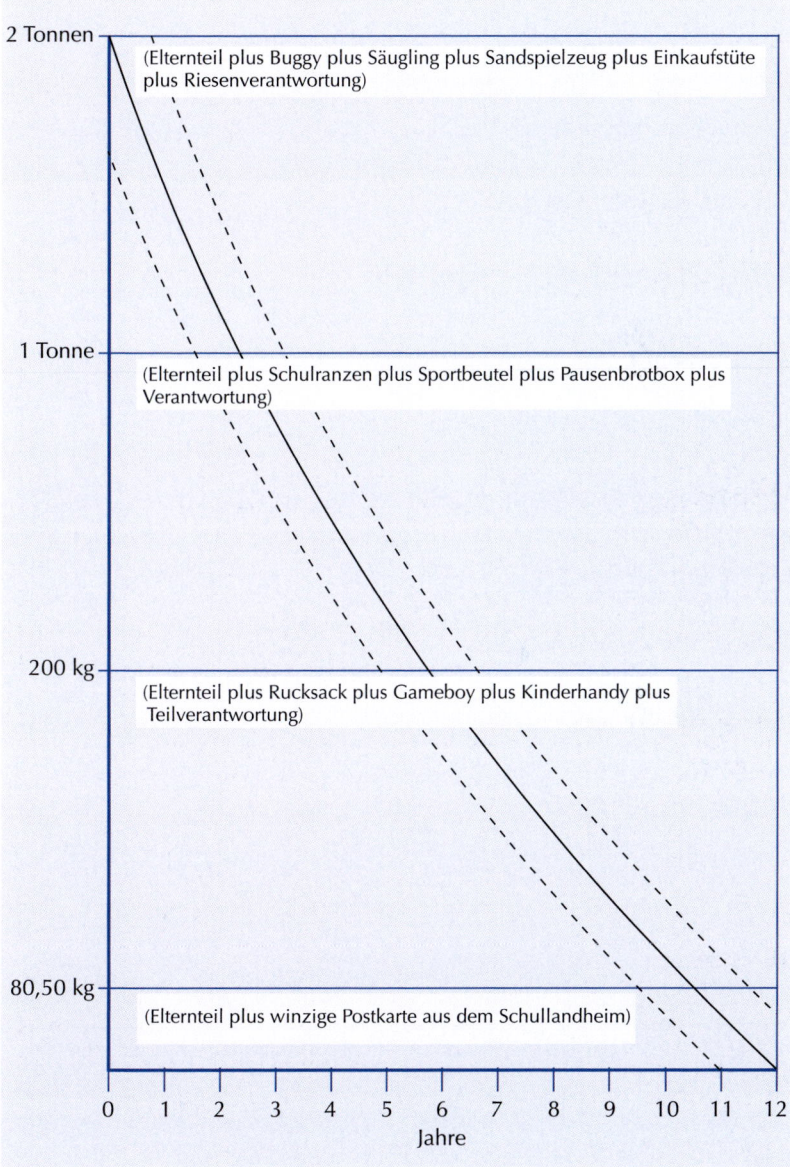

Die Grafik zeigt eine fallende Kurve mit folgenden Beschriftungen:

2 Tonnen: (Elternteil plus Buggy plus Säugling plus Sandspielzeug plus Einkaufstüte plus Riesenverantwortung)

1 Tonne: (Elternteil plus Schulranzen plus Sportbeutel plus Pausenbrotbox plus Verantwortung)

200 kg: (Elternteil plus Rucksack plus Gameboy plus Kinderhandy plus Teilverantwortung)

80,50 kg: (Elternteil plus winzige Postkarte aus dem Schullandheim)

Jahre (0 bis 12)

MEINE NOTRUFNUMMERN

Eheberatungsstelle . . . .

Sexualtherapiezentrum . . . .

Bundesverband der Swingerclubs . . . .

Supernanny . . . .

Heim für Schwererziehbare . . . .

Ambulante Fettabsaugungsklinik . . . .

Schokoladenexpress . . . .

Gertis Spirituosenbunker . . . .

Man kriegt ja so viel zurück!
Umstrittenes theoretisches Werk von B. Schwichtigung
Trost-Verlag, 1.000 Seiten, € 7,90

Dahin, wo der Pfeffer wächst
Kinder- und Jugend-Kurztrips, zusammengestellt von Eltern
Edition Sauer, 203 Seiten, € 9,80

Bei Hempels unterm Sofa
Wohnen mit Kindern, Tipps, Trends & Ideen
Hottentotten-Verlag, 324 Seiten, € 12,90

Jedes Elternteil kann schlafen lernen
Mit Ohropax-Beileger. Von Dr. med. Morgenrot und
Dr. med. Augenring
Uhu-Verlag, 453 Seiten, € unbezahlbar

Kochen für Eltern
Leckeres aus den Resten vom Kinderteller –
zusammengezaubert von Eckart Sehrwitzigmann
Pfui-Teufel-Verlag, alle Seiten mit Fettrand, € 16,80

DANKE!

Bruno, Mika, Reinhard, Oma Inge, Dada, Oma Ulla, Opa Kurt, Marianne Wunderskirchner, Brigitte Rompa, Alex Steudel, Ralf Nolting, Joelle Timores, Boris Poscharsky, Luis Poscharsky, Isabel Erler, Anke Dürr, Dr. Friedrich Chaban, Carl, Constantin, Frau Dr. Lunau, Sita, Sabrina, Katja, Philippa und den Laugencroissants von Springer.

REGISTER

REGISTER

REGISTER

* Krankhaft perfektionistischen und überkritischen Elternteilen ist sicherlich unangenehm aufgefallen, dass an dieser Stelle keine Erkrankungen aufgelistet sind. Unser Rat: Fassen Sie sich lieber mal an die eigene Nase.